Oración

Lo que el Sermón del Monte nos enseña acerca de la oración

ORACIÓN

Lo que el Sermón del Monte nos enseña acerca de la oración

PORTAVOZ

La misión de Editorial Portavoz consiste en proporcionar productos de calidad —con integridad y excelencia—, desde una perspectiva bíblica y confiable, que animen a las personas en su vida espiritual y servicio cristiano.

Título del original: *Prayer: What the Sermon on the Mount teaches us about prayer. The Preacher's Outline and Sermon Bible®,* Vol. 1, Matthew, © 1991 por Alpha Omega Ministries, Inc., y publicado por Leadership Ministries Worldwide, P.O. Box 21310, Chattanooga, TN 37424. Todos los derechos reservados.

Edición en castellano: *Oración: Lo que el Sermón del Monte nos enseña acerca de la oración. Biblia de bosquejos y sermones,* tomo 1, Mateo 1:1 —16:12, © 1997 por Alpha Omega Ministries, Inc. y publicado con permiso por Editorial Portavoz, filial de Kregel Publications, Grand Rapids, Michigan 49501. Todos los derechos reservados.

Ninguna parte de esta publicación podrá reproducirse de ninguna forma sin permiso escrito previo de los editores, con la excepción de porciones breves en revistas o reseñas.

A menos que se indique lo contrario, todas las citas bíblicas han sido tomadas de la versión Reina-Valera 1960, © Sociedades Bíblicas Unidas. Todos los derechos reservados.

La *Biblia de bosquejos y sermones* fue escrita para que el pueblo de Dios la use tanto en sus vidas personales como en la predicación y enseñanza.

EDITORIAL PORTAVOZ
P. O. Box 2607
Grand Rapids, Michigan 49501 USA

Visítenos en: www.portavoz.com

ISBN 0-8254-1023-1

4 5 6 7 edición / año 09 08 07 06

Impreso en los Estados Unidos de América
Printed in the United States of America

Contenido

Tomado de la serie *Biblia de bosquejos y sermones, Tomo 1, Mateo 1:1–16:2,* este libro presenta en una manera fácil de entender los elementos básicos para orar que se encuentran en Mateo 6:5-24.

Un recurso excelente para que todo cristiano crezca en su vida de oración y para enseñar a otros acerca de la oración.

EXPLICACIÓN DEL BOSQUEJO

La Biblia de bosquejos y sermones es *única*. Difiere de todo otro material de estudios bíblicos y recursos de sermones en cuanto a que cada pasaje y tema es bosquejado justo al lado de las Escrituras correspondientes. Cuando usted elija cualquier tema mencionado más adelante y se remita a la referencia, no solo contará con el pasaje de las Escrituras, sino que también descubrirá el pasaje de las Escrituras y el tema *ya bosquejado para usted, versículo por versículo.*

A modo de ejemplo rápido, escoja uno de los temas mencionados más adelante y remítase a las Escrituras y hallará esta maravillosa ayuda para un empleo más rápido, más sencillo y más preciso.

Además, cada punto de las Escrituras y el tema está totalmente desarrollado en un Comentario con un pasaje de apoyo de las Escrituras en el final de la página.

Note algo más: los temas de Mateo tienen títulos que son a la vez bíblicos y prácticos. Los títulos prácticos a veces tienen más atracción para la gente. Este beneficio se ve claramente en el empleo de folletos, boletines, comunicados de la iglesia, etc.

Una sugerencia: para una visión más rápida de Mateo, primero lea todos los títulos principales (I, II, III, etc.), y luego vuelva y lea los subtítulos.

ABREVIATURAS VARIAS

a tr.	=	**a través**	**il.**	=	**ilustración**
a.C.	=	**antes de Cristo**	**just.**	=	**justicia**
ant.	=	**antecedentes**	**N°**	=	**número**
arg.	=	**argumento**	**NT**	=	**Nuevo Testamento**
AT	=	**Antiguo Testamento**	**p.**	=	**página**
caps.	=	**capítulos**	**p.ej.**	=	**por ejemplo**
concl.	=	**conclusión**	**pp.**	=	**páginas**
cp.	=	**compárese**	**pq.**	=	**porque**
d.C.	=	**después de Cristo**	**pr.**	=	**pregunta**
dif.	=	**diferente**	**pt.**	=	**punto**
EF	=	**Estudio a fondo**	**ss.**	=	**siguientes**
et.	=	**eterno**	**v.**	=	**versículo**
gob.	=	**gobierno**	**vs.**	=	**versus**
idt.	=	**identificación o identidad**	**vv.**	=	**versículos**

Cómo usar la *Biblia de bosquejos y sermones*

A El **pasaje bíblico** siempre impreso

B El **bosquejo para predicar** aparece cerca de cada versículo

C Abundante material de **comentario práctico**

D **Ilustraciones** y **aplicaciones** para cualquier auditorio

E **Pasajes bíblicos de apoyo** minuciosamente seleccionados e impresos por completo

En primer lugar: Observe el **tema general**. Piense en él por un momento.

Después: Preste atención al **tema general** y a los **puntos principales** en conjunto.

Luego: Ponga atención a los **puntos principales** y a los **subpuntos** mientras lee las Escrituras. Note que los puntos se encuentran en forma bosquejada al lado del versículo correspondiente; sencillamente exponen lo que la Biblia quiere decir.

Por último: Lea el **comentario**. Importante: Note que los *números de los puntos principales* en el *bosquejo* se corresponden con los del *comentario*.

HECHOS DE LOS APÓSTOLES

1. Lucas le escribe a Teófilo, le recuerda del ministerio de Jesús
2. Obras y enseñanzas de Jesús
   a. Hasta que fue tomado

CAPÍTULO 1

I. Los grandes días de expectación, 1:1-26

A. El ministerio de Jesús en la tierra, 1:

1 En el primer tratado, oh Teófilo, hablé acerca de todas las cosas que Jesús comenzó a hacer y a enseñar, 2 hasta el día en que fue recibido arriba, después de haber 3 a quienes también, después de haber padecido, se presentó vivo con muchas pruebas indubitables, apareciéndoseles durante cuarenta días y hablándoles acerca del reino de Dios.

4 Y estando juntos, les mandó que no se fueran de Jerusalén, sino que esperasen la promesa del Padre, la cual, les dijo, oísteis de mí.

3. Muerte y resurrección de Jesús
   a. Prueba 1: Se mostró vivo a ellos
   b. Prueba 2: Diversas pruebas, vistas durante cuarenta días
4. Jesús promete el reino
5. Jesús promete el Espíritu
   a. Los discípulos tenían que "esperar"
   b. Los discípulos tenían

DIVISIÓN I

LOS GRANDES DÍAS DE EXPECTACIÓN, 1:1-26

A. El ministerio de Jesús en la tierra, 1:1-5

(1:1-5) *Introducción:* Fíjese en las palabras "en el primer tratado" o libro. Lucas está haciendo referencia a su evangelio. Él le estaba escribiendo nuevamente al mismo hombre para quién había escrito su evangelio, Teófilo. Le estaba recordando a Teófilo que en su evangelio él había abarcado la vida y ministerio terrenal de Jesucristo. Note la palabra "comenzó". La vida y obra de Jesús en la tierra fue únicamente el comienzo. Aunque él está en el cielo, continúa su obra y ministerio mediante la presencia del Espíritu en los corazones y vidas de los creyentes. El libro de los Hechos muy bien podría titularse…

1. (1:1) **Teófilo:** Lucas le escribió a Teófilo, recordándole el primer evangelio que le había escrito, el evangelio que abarcaba la vida y ministerio de Jesús.

¿Quién es Teófilo? No se nos dice, pero fíjese en varios

Pensamiento 1: Este pensamiento encierra una gran lección, una lección de amor y humildad que tanto se necesita en este mundo y en medio del pueblo de Dios (cp. Mt. 23:7-12).

"¿No decís vosotros: Aún faltan cuatro meses para que llegue la siega? He aquí os digo: Alzad vuestros ojos y mirad los campos, porque ya están blancos para la siega" (Jn. 4:35).

"Me es necesario hacer las obras del que me envió, entre tanto que el día dura; la noche viene, cuando nadie puede trabajar" (Jn. 9:4).

"Ahora bien, se requiere de los administradores, que cada uno sea hallado fiel" (1 Co. 4:2).

"Porque habéis sido comprados por precio; glorificad, pues, a Dios en vuestro cuerpo y en vuestro espíritu, los cuales son de Dios" (1 Co. 6:20).

MATEO 6:5-6

	L. El verdadero motivo para orar[EF1, 2, 3] (Parte I), 6:5-6

1 Orar para ser visto por la gente
  a. Lugar: querer orar
    1) En la sinagoga
    2) En las calles
  b. Reconocimiento
  c. Recompensa: estima de los hombres
 	
2 Ser escuchado por Dios
  a. Lugar: habitación propia
  b. Motivo: Dios está en el lugar secreto[EF4]
  c. Recompensa: bendición pública
	5 Y cuando ores no seas como los hipócritas; porque ellos aman el orar en pie en las sinagogas y en las esquinas de las calles, para ser vistos de los hombres; de cierto os digo que ya tienen su recompensa.
	6 Mas tú, cuando ores, entra en tu aposento, y cerrada la puerta, ora a tu Padre que está en secreto; y tu Padre que ve en lo secreto te recompensará en público.

L. El verdadero motivo para orar (Parte I), 6:5-6

(6:5-6) *Introducción—oración—motivación:* este pasaje está dirigido *a los que oran*: a personas que toman la oración en serio. La oración es una de las mayores obras del creyente cristiano. Hablar con Dios, sea en pensamiento o con los labios, es la forma en que el creyente tiene compañerismo con Dios; y si algo anhela Dios es el compañerismo con el hombre (Is. 43:10). Por eso, es esencial que oremos, y oremos con frecuencia, teniendo compañerismo durante todo el día.

Sin embargo, la preocupación de Cristo en este punto no es que oremos. Su preocupación es cómo oramos. Es posible orar mal, con motivaciones equivocadas y de manera equivocada. Es posible orar y nunca ser escuchado por Dios. Es posible orar, y sin embargo estar meramente hablando a solas, a nosotros mismos, que nuestras oraciones no se elevan más que a nuestros propios oídos. Por eso Cristo se dispone a enseñarnos las motivaciones correctas y equivocadas para orar.

  1. La motivación equivocada: orar para ser visto por la gente (v. 5).
  2. La motivación correcta: orar para ser escuchado por Dios (v. 6).

ESTUDIO A FONDO 1

(6:5-6) *Oración:* Existen algunos peligros alrededor de la oración, algunos factores negativos de los que hay que cuidarse.
  1. La oración se puede volver hipócrita (v. 5). La persona puede orar por razones equivocadas, por falsas motivaciones.
  2. La oración puede formar ciertos hábitos (v. 5) y es una maravillosa experiencia, emocional y mentalmente que ofrece ricas recompensas; es igualmente eficiente para que nuestras necesidades sean suplidas por Dios en respuesta a nuestras oraciones. Podemos comenzar a sentir *amor al orar* y todavía estar orando equivocadamente.
  3. La oración puede llegar a asociarse con ciertos lugares (v. 5). El creyente puede tener lugares que le signifiquen mucho en su vida de oración, pero tiene que cuidarse de limitar la presencia de Dios a esos lugares únicamente, aún tratándose de la iglesia.
  4. La oración se puede convertir en una repetición vacía (v. 7). La persona puede tomar cualquier frase o forma de oración y hacerla una experiencia significativa, también puede convertirla en una ocasión formal y sin sentido. (Piense en cuántas veces se repite el Padrenuestro de memoria mientras la atención está en cualquier otra cosa.)
  5. La oración puede llegar a ser demasiado larga (v. 7). El creyente puede comenzar a creer que es oído por «hablar mucho» (cp. Ec. 5:1-2).
  6. La oración puede llegar a ser una forma de glorificarse a uno mismo (v. 8). La persona puede comenzar a creer que tiene que informar y convencer a Dios de la *gran* necesidad que tiene. Cuando llega la respuesta (por misericordia de Dios, a pesar de orar equivocadamente), el creyente comienza a *gloriarse en su propia espiritualidad*: en el hecho de cumplir los requisitos para obtener cosas de Dios.
  7. La oración puede volverse un auto engaño (vv. 7-8). La persona puede comenzar a pensar que es oída (1) por sus «muchas palabras» y (2) por convencer a Dios de su necesidad.

ESTUDIO A FONDO 2

(6:5-6) *Oración:* note varias cosas.
  1. Cristo dice: «Cuando ores». Se refiere a la oración personal (cp. v. 6).
  2. Cristo asume que el creyente ora, y la idea implícita es que el creyente ora con frecuencia.
  3. Cristo dice que hay una forma correcta y una forma equivocada de orar. «Cuando ores, no ... »; «cuando ores, entra ... »
  4. Cristo dice que algunos «aman el orar», y son precisamente los que oran equivocadamente. Oran mal, oran por motivaciones equivocadas.
  5. Cristo ilustra a dos hombres orando. Uno ora a los hombres (v. 5); el otro ora al Padre (v. 6). El primero es un hipócrita; el segundo es un auténtico hijo del Padre.

ESTUDIO A FONDO 3

(6:5-6) *Oración:* se espera de los creyentes que oren. La oración es el medio que Dios ha designado para actuar en favor del hombre. *Compartir y hablar* juntos es la forma en que todas las personas se comunican, tienen compañerismo y andan juntas. Es así, tanto respecto de los hombres como respecto de Dios. El

> orar requiere nuestra presencia, nuestro compartir y hablar; Dios quiere el compañerismo y la comunión con nosotros. Pocas personas consideran este hecho; pocas personas toman la oración en serio. Por eso, si queremos las bendiciones de Dios sobre nuestras vidas y ministerios, si queremos que la obra de Dios avance con poder llevando frutos, entonces debemos orar e interceder en oración.
>
> **«Ora a tu Padre» (Mt. 6:6; cp. Mt. 6:7).**
>
> **«Vosotros, pues, oraréis así» (Mt. 6:9).**
>
> **«Rogad, pues, al Señor de la mies» (Mt. 9:38; Lc. 10:2).**
>
> **«Velad y orad, para que no entréis en tentación» (Mt. 26:41; Mr. 13:33; 14:38; Lc. 21:36; 22:40, 46).**
>
> **«La necesidad de orar siempre, y no desmayar» (Lc. 18:1).**
>
> **«Orando en todo tiempo, con toda oración y súplica en el Espíritu, y velando en ello con toda perseverancia y súplica por todos los santos» (Ef. 6:18).**
>
> **«Orad sin cesar» (1 Ts. 5:17).**
>
> **«Quiero, pues, que los hombres oren en todo lugar» (1 Ti. 2:8).**

1 (6:5) *Oración—motivación:* la motivación equivocada en la oración es orar para ser visto por los hombres. Hay que considerar dos aspectos preliminares antes de discutir este punto.

1. Orar —incluso amando el orar— no es señal de que la persona realmente conoce a Dios.
2. Si una persona realmente conoce a Dios, va a orar. No importa lo que la persona piense, si realmente conoce a Dios y realmente creen en Dios, esa persona habla con Dios. No hay nada que le pueda impedir orar. Conoce a Dios personalmente; lo conoce como Padre que ama y se ocupa de ella con tanto cuidado. Por eso, igual que un niño que realmente ama a su padre, el creyente habla, conversa y comparte con su Padre.

Esto tiene un mensaje para la persona que ora primordialmente en público, y en privado poco o nada. Tal persona tiene que examinar la autenticidad de su corazón y profesión.

Cristo dice que la persona que ora para ser vista por los hombres *ama el orar, pero es un hipócrita*.

1. Los lugares donde *ama* el orar son *lugares públicos*, en la sinagoga (iglesia) y en las calles (restaurantes y otros lugares públicos).

Pensamiento. Note cinco enseñanzas.

1) Algunos aman el orar en público. Les gusta representar al grupo y vocalizar las alabanzas y necesidades del mismo a Dios. Algunos se han vuelto muy carismáticos y elocuentes en la oración pública, sin embargo, les falta ese amor esencial para orar en privado. Cristo dice «hipócrita» (v. 5).
2) Algunos solo oran en público. Oran en presencia de la familia (en las comidas y oraciones familiares, normalmente con los niños); en la iglesia (cuando se les pide la oración); y en público (cuando comen en restaurantes). Pocas veces, o nunca, oran en privado. ¡Qué deficiente es la oración de tantas personas!
3) Las oraciones tiene que ser hechas a Dios tanto en la iglesia como en público. Pero la oración pública debe ser pública y no privada. Con demasiada frecuencia una persona tiene sus *devociones personales* cuando es requerida a orar públicamente. Ha descuidado sus *oraciones privadas* y su necesidad interior no ha sido satisfecha. Entonces, cuando comienza a orar públicamente, se desliza hacia su propia *oración privada* en vez de representar al grupo.
4) Algunos hipócritas oran, y oran mucho. Existen algunas *personas religiosas* que oran poco o nada. Ellas pueden aprender de los hipócritas.
5) Note la postura de este hipócrita. Oraba de pie. Es una postura aceptable para orar (Mr. 11:25); pero el cuadro es el de orgullo, arrogancia, confianza en sí mismo. Estar de rodillas demuestra humildad, reverencia, y dependencia de Dios (Lc. 22:41; Ef. 3:14).

«Unánimes entre vosotros; no altivos, sino asociándoos con los humildes. No seáis sabios en vuestra propia opinión» (Ro. 12:16).

«Porque el que se cree ser algo, no siendo nada, a sí mismo se engaña» (Gá. 6:3).

«Porque todo lo que hay en el mundo, los deseos de la carne, los deseos de los ojos, y la vanagloria de la vida, no proviene del Padre, sino del mundo» (1 Jn. 2:16).

«He aquí que aquel cuya alma no es recta, se enorgullece; mas el justo por su fe vivirá» (Hab. 2:4).

2. El hombre que solamente ora en público ora por una sola razón: no porque ama el orar, sino porque ama el reconocimiento.

Pensamiento. Note dos lecciones.

1) El pecado no es fallar en la oración; el pecado es orar *únicamente* en la iglesia y en público. La persona que ora públicamente, pero pocas veces en privado se engaña a sí misma. Cristo dice que la verdadera oración (oración dirigida al Padre) no le importa a esa persona. Ella ora únicamente por el reconocimiento: para ser oída por los hombres.
2) La oración pública debe ser hecha. Sin embargo, hay un gran peligro en la oración pública, y es que el orgullo propio sea incentivado. Es tan fácil orar públicamente y tener pensamientos egoístas recorriendo la mente.

- Pensar que uno está diciendo una buena oración. Tal oración no es sino palabras elocuentes
- Que la oración de uno seguramente es admirada.
- Que la oración realmente está demostrando un estrecho andar con Dios (profunda espiritualidad).

«Hipócritas, bien profetizó de vosotros Isaías, cuando dijo: este pueblo de labios me honra; mas su corazón está lejos de mí» (Mt. 15:7-8).

«Y si alguno se imagina que sabe algo, aún no sabe nada como debe saberlo» (1 Co. 8:2).

«El que confía en sus riquezas caerá; mas los justos reverdecerán como ramas» (Pr. 11:28).

«Antes del quebrantamiento es la soberbia, y antes de la caída la altivez de espíritu» Pr. 16:18).

«¡Ay de los sabios en sus propios ojos, y de los que son prudentes delante de sí mismos» (Is. 5:21).

3. El hombre que únicamente ora en público recibe su recompensa: reconocimiento público. Tres cosas referidas a este hombre tienen que ser vistas claramente.

a. Tendrá buenos sentimientos y pensamientos que lo satisfagan acerca de su estado espiritual y su piedad religiosa. Tendrá una buena imagen de sí mismo y cierta confianza en su relación con Dios. La estima y alabanza de la gente y el sentirse bien por lo que ha hecho le da una buena imagen de sí mismo. *Pero*, en este caso es una imagen falsa.
b. Se ha engañado a sí mismo. Se ha equivocado en cuanto a la más íntima presencia y el futuro más

grande en el universo. Ha perdido su alma. Nunca oirá: «Bien, buen siervo y fiel» (Mt. 25:21).
c. Obtiene exactamente lo que merece: reconocimiento público. Si le asigna tan poco valor al compartir con Dios mismo, no merece más de lo que el hombre le puede dar, esto es, reconocimiento público.

Pensamiento. La estima de los hombres falla en varios puntos.
1) La estima del hombre es pasajera. Todas las cosas pasan y pasan tan rápidamente. El hombre pronto olvida y prosigue a otras cosas.
2) La estima de los hombres se vuelve común. Las mayores habilidades que despiertan alabanza se hacen rutinarias y comunes para el hombre cuando se realizan día tras día. Pronto el hombre deja de reconocer su singularidad. Entonces esas habilidades son meramente esperadas y aceptadas; ya no despiertan alabanza y reconocimiento.
3) La estima del hombre es impotente. No puede contestar la oración; solamente puede reconocer la habilidad, unir palabras y ver la expresión del hombre, su fervor y sus emociones. Su poder está limitado a las cosas de este mundo, e incluso ese poder es limitado y de corta vida. La estima del hombre no puede hacer absolutamente nada en cuanto a las necesidades espirituales de su corazón.
4) La estima del hombre no será quien juzgue la vida de una persona. Ningún hombre es más grande que otro hombre; los hombres son meros hombres. Todos tienen la misma necesidad: volverse a Dios en oración, orar por la aceptación y el reconocimiento de Dios. Por eso, la estima del hombre *por el hombre* es sin sentido a la luz del juicio y la eternidad.

«**Porque toda carne es como hierba, y toda la gloria del hombre como flor de la hierba. La hierba se seca y la flor se cae**» (1 P. 1:24).

«**Mas el hombre no permanecerá en honra; es semejante a las bestias que perecen**» (Sal. 49:12).

«**Porque cuando muera no llevará nada, ni descenderá tras él su gloria**» (Sal. 49:17).

«**Conforme a su grandeza, así pecaron contra mí; también yo cambiaré su honra en afrenta**» (Os. 4:7).

2 (6:6) *Oración—motivación:* la motivación correcta para orar es ser oído por Dios. Tres asuntos preliminares tienen que ser considerados en este punto.
1. La disposición de tomarse tiempo para orar: «Cuando ores». Tiene que existir la voluntad de orar. El creyente tiene que tomarse el tiempo para estar a solas y orar. Son demasiado pocos los que se toman tiempo para orar, y menos aún los que dedican más de unos minutos a la oración. Demasiados creyentes permanece envueltos en el mundo y sus asuntos cotidianos, algunos de los cuales son necesarios, ¡pero cuánto más necesaria es la oración!
2. Se requiere un sitio íntimo. El creyente tiene que tener un lugar privado escogido deliberadamente para orar.
3. Una relación personal con Dios. Una relación *Padre–Hijo* es absolutamente esencial. Dios es nuestro *Padre* y está al alcance como los padres están al alcance de sus hijos. Debemos ir a Él, orar, compartir, tener comunión y dejar que derrame sobre nosotros su cuidado y protección y cubra cada una de nuestras necesidades (Sal. 91:1).

Note: Cristo dice que si el hombre es genuino ora para ser escuchado por Dios y no por los hombres.
1. El lugar que escoge para orar es su habitación privada. Cristo dice: «Está a solas»; «entra en tu aposento ... cerrada la puerta». Que nadie te observe, ni perturbe ni te oiga (cp. 2 R. 4:33; Is. 26:20).

a. *Busca estar a solas*: nadie te observe—nadie te vea.
b. *Busca estar a solas*: nadie te perturbe—evita las interrupciones y perturbaciones.
c. *Busca estar a solas*: nadie te oiga—que puedas concentrarte y permitir que Dios tenga la libertad de obrar en tu corazón como él quiera.

«**Al día siguiente, mientras ellos iban por el camino y se acercaban a la ciudad, Pedro subió a la azotea para orar, cerca de la hora sexta**» (Hch. 10:9).

«**Entonces Cornelio dijo: Hace cuatro días que a esta hora yo estaba en ayunas; y a la hora novena, mientras oraba en mi casa, vi que se puso delante de mí un varón con vestido resplandeciente**» (Hch. 10:30).

«**Mas tú, cuando ores, entra en tu aposento, y cerrada la puerta, ora a tu Padre que está en secreto; y tu Padre que ve en lo secreto te recompensará en público**» (Mt. 6:6).

«**Levantándose muy de mañana, siendo aún muy oscuro, salió y se fue a un lugar desierto, y allí oraba**» (Mr. 1:35).

«**Y después que los hubo despedido, se fue al monte a orar; y al venir la noche, la barca estaba en medio del mar, y él solo en tierra**» (Mr. 6:46-47).

«**En aquellos días él fue al monte a orar, y pasó la noche orando a Dios**» (Lc. 6:12).

«**Y él se apartó de ellos a distancia como de un tiro de piedra; y puesto de rodillas oró, diciendo: Padre, si quieres, pasa de mí esta copa; pero no se haga mi voluntad, sino la tuya**» (Lc. 22:41-42).

2. El motivo por el que el creyente ora en su aposento privado es porque Dios está en secreto (*véase* nota—Mt. 6:4). Note dos hechos significativos.
a. Dios «está en secreto»; por eso, la persona solo puede encontrar a Dios en *secreto*. Aún en medio de una multitud que adora, la persona tiene que concentrarse y fijar su atención en Dios a quien no se ve. Tiene que haber un encuentro y una comunión secreta de corazón a corazón si la persona desea orar y compartir realmente con Dios.
b. Dios «está en secreto»; por eso no está interesado en lo que se ve, sino en la sustancia. El acto es ante los hombres. La sustancia se encuentra en el lugar secreto, quieto, de meditación. Recuerde: cuanto existe comenzó con una idea, y el desarrollo de la idea vino del *pensamiento y la meditación privada y secreta*, no del escenario público ante la gente; al menos no es frecuente. Lo mismo ocurre con los asuntos espirituales. El acto espiritual se realiza ante la gente, pero la sustancia espiritual o la calidad que realmente importa se desarrolla en el lugar secreto. El creyente derrama su corazón y recibe su mayor aliento y fuerza del Dios Supremo en el lugar secreto, no en los lugares públicos del mero hombre.

Pensamiento. Muchos oran a la carrera; pocos oran en secreto. ¿Por qué tan pocas personas tienen un tiempo de quietud, un tiempo diario de adoración y devoción? ¿Por qué tan pocas personas guardan su compromiso diario con Dios? Esta es una de las cosas más difíciles de entender en el mundo a la luz de quien es Dios, y a la luz de la desesperante angustia y necesidad del hombre. Nadie jamás dejaría de fallar a su compromiso con el líder máximo de su nación.
1) Muchos dicen no tener tiempo, de modo que no se toman el tiempo. Pero, con toda honestidad, se requiere solo un pequeño esfuerzo para levantarse un poco más temprano, si realmente están tan presio-

nados por el tiempo. Lo único que les hace falta es reorganizar su horario para hacer lugar a un tiempo de quietud, así como hacen lugar para cualquier otra reunión importante. Sin embargo, son pocos los que lo hacen; por eso, no tienen excusa. Muchos creyentes son fieles en su encuentro diario con Dios. Es una simple cuestión de disciplina y prioridad.

2) La mayoría tiene el tiempo; sencillamente no se lo toman. Descuidan el estar regularmente a solas con Dios.

3) A muchas personas no se les ha enseñado la importancia y los beneficios de un tiempo de quietud con Dios todos los días. Esta es una denuncia justificada contra padres cristianos, predicadores y maestros. Son tan pocos los que han practicado y acentuado lo que siempre oyeron sobre la importancia de orar. El silencio de los creyentes y su fracaso en alcanzar el mundo en sana doctrina es increíble, especialmente después de dos mil años.

4) Algunos todavía no han aprendido a disciplinarse ellos mismos para ser regulares en su vida espiritual. No hay un área mejor que un tiempo diario de quietud para aprender la disciplina y regularidad. Uno debe comenzar sencillamente y hacerlo. Cuando se falla un día, hay que huir del desaliento «olvidando lo que queda atrás» y extenderse hacia el nuevo día y comenzar de nuevo. Con el tiempo se aprenderá la regularidad y disciplina y el alma de la persona será alimentada con las «insondables riquezas de Cristo» (Ef. 3:8, 20; cp. Fil. 3:13).

3. La recompensa de los guerreros de oración es bendición evidente. El creyente que ora será recompensado en dos formas muy especiales.

   a. La fuerza y presencia de Dios estará sobre su vida (Is. 8:22; 1 P. 5:6) La presencia de Dios es inequívoca. Hay una diferencia entre la persona que anda en la presencia de Dios y una vida que solo anda en este mundo (Mt. 6:25-34, esp. 33).

Dios recompensa al creyente que ora, le da su presencia y sus bendiciones. Las necesidades del creyente, materiales y espirituales, son suplidas día a día.

   b. Las oraciones del creyente también serán contestadas (Mt. 21:22; Jn. 16:24; 1 Jn. 5:14-15). Las respuestas a la oración son claramente percibidas por el observador que piensa y es honesto. Dios ha prometido responder la verdadera oración de un auténtico creyente. Dios cuida al auténtico creyente con un cuidado muy especial. A veces la respuesta se ve ...

- en una renovación de fuerza.

  «Y a Aquel que es poderoso para hacer todas las cosas mucho más abundantemente de lo que pedimos o entendemos, según el poder que actúa en nosotros» (Ef. 3:20).

- en la provisión para alguna necesidad.

  «Mas buscad primeramente el reino de Dios y su justicia, y todas estas cosas os serán añadidas» (Mt. 6:33).

- en la conquista de alguna gran tentación o prueba.

  «No os ha sobrevenido ninguna tentación que no sea humana; pero fiel es Dios, que no os dejará ser tentados más de lo que podéis resistir, sino que dará también juntamente con la tentación la salida, para que podáis soportar» (1 Co. 10:13).

- en una paz que sobrepasa todo entendimiento.

  «Por nada estéis afanosos, sino sean conocidas vuestras peticiones delante de Dios en toda oración y ruego, con acción de gracias. Y la paz de Dios, que sobrepasa todo entendimiento, guardará vuestros corazones y vuestros pensa-mientos en Cristo Jesús» (Fil. 4:6-7).

- en una incomprensible paz mental.

  «Porque no nos ha dado Dios, espíritu de cobardía, sino de poder, de amor y de dominio propio» (2 Ti. 1:7).

Pensamiento. El creyente que ora, que se convierte en un verdadero intercesor, será recompensado abiertamente en aquel día especial de redención.

1) Dios «vio que no había hombre, y se maravilló que no hubiera quien se interpusiese» (Is. 59:16).

2) Cristo, el gran Intercesor vive «siempre para interceder por ellos» (He. 7:25).

3) El creyente que intercede estará abiertamente en una relación muy especial con Jesús, el Gran Intercesor, ante Dios el Padre.

   «Y todo lo que pidiereis en oración, creyendo, lo recibiréis» (Mt. 21:22).

   «Y yo os digo: Pedid, y se os dará; buscad y hallaréis; llamad, y se os abrirá» (Lc. 11:9).

   «Y todo lo que pidiereis al Padre en mi nombre, lo haré, para que el Padre sea glorificado en el Hijo. Si algo pidiereis en mi nombre, yo lo haré» (Jn. 14:13-14).

   «Si permanecéis en mí, y mis palabras permanecen en vosotros, pedid todo lo que queréis, y os será hecho» (Jn. 15:7).

   «Hasta ahora nada habéis pedido en mi nombre; pedid, y recibiréis, para que vuestro gozo sea cumplido» (Jn. 16:24).

   «Y cualquier cosa que pidiéremos la recibiremos de él porque guardamos sus mandamientos, y hacemos las cosas que son agradables delante de él» (1 Jn. 3:22).

   «Y esta es la confianza que tenemos en él, que si pedimos alguna cosa conforme a su voluntad, él nos oye. Y si sabemos que él nos oye en cualquier cosa que pidamos, sabemos que tenemos las peticiones que le hayamos hecho» (1 Jn. 5:14-15).

ESTUDIO A FONDO 4

(6:6) *Oración*: «Tu Padre que está en secreto ... » *secreto* significa tres cosas.

1. Concentración: meditación, contemplación, pensar profundamente acerca de Dios y conforme a ello compartir con él.

2. Apartado de todo: alejado, a solas, en privado, fuera de la vista de todos.

3. Sin ser visto: invisible, pero presente; creyendo y teniendo fe de que Dios está allí; espiritualmente presente, oyendo y respondiendo. Todo creyente tendría que tener un lugar secreto de quietud, querido a su corazón, querido porque es el lugar donde se acerca a Dios y donde Dios se acerca a él. (*Véase* Estudio a fondo 3—Jn. 1:48.)

MATEO 6:7-8

	M. Las tres grandes reglas para orar (Parte II), 6:7-8
1 Regla 1: no uses vanas repeticiones^{EF1}	7 Y orando, no uséis vanas repeticiones, como los gentiles, que piensan que por su palabrería serán oídos.
2 Regla 2: no hables mucho	
3 Regla 3: confía en Dios 　a. Conoce tu necesidad 　b. Desea oír tu oración	8 No os hagáis, pues, semejantes a ellos; porque vuestro Padre sabe de qué cosas tenéis necesidad, antes que vosotros le pidáis.

M. Las tres grandes reglas para orar (Parte II), 6:7-8

(6:7-8) *Introducción*: con frecuencia existe entre los religiosos una tendencia hacia las oraciones extensas, particularmente en público. Demasiadas veces la gente mide la oración por su fluidez y longitud, pensando que longitud significa devoción. «No te des prisa con tu boca, ni tu corazón se apresure a proferir palabra delante de Dios; porque Dios está en el cielo, y tú sobre la tierra; por tanto, sean pocas tus palabras» (Ec. 5:2). Cristo lo expresa en forma muy simple, muy vigorosa: «Cuando oras», sigue tres grandes reglas:

1. Regla 1: No uses vanas repeticiones (v. 7).
2. Regla 2: No hables mucho (v. 7).
3. Regla 3: Confía en Dios (v. 8).

1 **(6:7) *Oración—repetición*:** la primera gran regla para la oración es asombrosa: no usar vanas repeticiones (*véase* Estudio a fondo 1—Mt. 6:7). Existen varios factores que conduce a las vanas repeticiones.

1. La oración de memoria: solo decir las palabras de una fórmula de oración, por ejemplo, el Padrenuestro. No hay nada de malo en orar una oración memorizada, pero dicha oración debe ser orada punto por punto, y no simplemente repetida sin pensar en las palabras.
2. Oraciones escritas, bien formuladas: pensar que lo que decimos está tan bien expresado y tan bien formulado, que forzosamente tiene que ejercer fuerza ante Dios. Las palabras pueden ser descriptivas y ordenadas con belleza, pero deben ser ofrecidas por el corazón, no por la mente o el ego. Tal oración sería una vana repetición.
3. La oración ritual: decir la oración en la misma ocasión y en el mismo momento, una y otra vez. Pronto se puede volver una vana repetición.
4. Adoración formal: orar de la misma manera, siguiendo un horario rígido puede conducir al hábito (práctica repetida) con poco o ningún significado.
5. Orar sin sentido: hablar palabras mientras nuestra mente está en otras cosas. Estar cansado no es excusa. Es mejor no orar que orar sin sinceridad.
6. Palabras y frases religiosas: usar ciertas palabras o frases una y otra vez en la oración (simplemente porque suenan religiosas). (Compare el uso repetido de palabras tales como *misericordia, gracias oh Dios, en nombre de Jesús.*)
7. Referencias habituales a Dios: usar una repetición vana tal como «Señor, esto», «Señor, aquello», y «Señor, acá», «Señor, allá», «Señor ...», «Señor ... », «Señor ... », qué escasa consideración se da al acercamiento a Aquel cuyo nombre es «Admirable, Consejero, Dios Fuerte, Padre Eterno, Príncipe de Paz» (Is. 9:6).

Hay varias cosas que nos guardarán de usar vanas repeticiones en la oración.

1. Un corazón sincero: realmente conocer a Dios en forma personal y tener compañerismo con Él momento a momento a lo largo de todo el día.
2. Concentración de pensamientos: fijando la atención realmente en lo que decimos.
3. Desear el compañerismo con Dios: orando sinceramente; que las palabras expresen la intención.
4. Preparación: preparándonos para la oración meditando primero en la Palabra de Dios.

Note algo de extrema importancia al discutir las «vanas repeticiones». Cristo no dice que la repetición en la oración sea mala. No es mala. Lo que es malo es la repetición vana, vacía, sin sentido, necia. Cristo mismo usó repeticiones en la oración (Mt. 26:44), igualmente Daniel (Dn. 9:18-19), al igual que el salmista (Sal. 136:1ss).

***Pensamiento*.** Note seis lecciones.

1) Existe un problema mayor con las oraciones de los creyentes: es que no oran lo suficiente. No se toman suficiente tiempo para orar y orar con sinceridad.

　Existe un problema mayor *cuando los creyentes oran*: con frecuencia oran con repeticiones vanas, vacías, no pensadas, sin sentido. Con demasiada frecuencia un creyente ora sin concentrarse. Su mente se distrae con alguna otra cosa; solamente vocaliza las palabras. Tales oraciones no pensadas y sin sentido se ven claramente en las oraciones públicas y en la impotencia de los creyentes de hoy.

2) Existe una forma segura de preparar nuestros corazones: meditar en la Palabra de Dios.

　«Toda la Escritura es inspirada por Dios, y útil para enseñar, para redargüir, para corregir, para instruir en justicia» (2 Ti. 3:16).

Es en las Escrituras donde el creyente aprende de Dios, de sí mismo: del mundo, de la naturaleza y verdad de todas las cosas. Es el Espíritu de Dios quien toma la Palabra de Dios y la mueve sobre el corazón del creyente revelando qué cosas son las que el creyente debería pedir al orar. Por eso el creyente es movido a orar por todo lo que la Palabra de Dios y el Espíritu de Dios le han demostrado (Ro. 8:26; cp. Jn. 14:26; 16:13; 1 Co. 2:12-13).

3) Las vanas repeticiones en la oración, sea formal o no pensada, son *tediosas*.
- Desalientan a los sinceros y recién convertidos.
- Enfrían a los que están dispuestos y a los dotados.
- Apagan a los comprometidos y maduros.

4) Las repeticiones en la oración *son* sin sentido. Las repeticiones vanas afectan a la adoración, al interés, y a la asistencia a las reuniones.

5) Las vanas repeticiones son trágicas. La oración debería ser una de las experiencias más significativas de la vida. Dios ciertamente está dispuesto a encontrarse con el creyente de una manera muy especial, en cualquier momento, en cualquier lugar. Hay tantos corazones simplemente ...

- áridos
- desérticos
- duros
- complacientes
- paralizados
- secos
- indolentes
- oxidados
- en letargo

Hay tantas oraciones que simplemente cubren una y otra vez los mismos motivos desde «bendice a mamá y a papá» a «dános un buen día mañana».

6) La vana repetición aparta a Dios y separa el corazón de los consagrados.

«Que tendrán apariencia de piedad [oraciones largas] pero negarán la eficacia de ella; a éstos evita» (2 Ti. 3:5).

«Hipócritas, bien profetizó de vosotros Isaías, cuando dijo: Este pueblo de labios me honra; mas su corazón está lejos de mí» (Mt. 15:7-8).

ESTUDIO A FONDO 1

(6:7) *Oración—repetición, vana (battologesete):* demasiada palabrería; usar muchas frases; decir cosas sin sentido; decir cosas sin razón. La vana repetición significa al menos dos cosas.

1. Significa decir las mismas palabras una y otra vez sin poner el corazón y los pensamientos en lo que se está diciendo.
2. Significa usar ciertas palabras o frases religiosas (a veces una y otra vez) pensando que Dios oye porque uno está usando esas palabras religiosas.

2 (6:7) *Oración, prolongada:* la segunda gran regla para la oración nos abre los ojos en cuanto a no hablar mucho. Demasiadas personas piensan que la extensión equivale a devoción; es decir, que cuánto más largo oran, más los escuchará Dios (que le están demostrando sinceridad), y que lo prolongado les aumentará su espiritualidad.

Dios no escucha la oración de una persona por su extensión, sino porque su corazón se derrama realmente ante Dios. La extensión nada tiene que ver con la devoción, pero sí un corazón sincero.

Las oraciones largas no están prohibidas. Lo que está prohibido es pensar que las oraciones largas son automáticamente oídas por Dios. Cristo oró toda la noche (Lc. 6:12). Los primeros discípulos oraron y ayunaron, y buscaron a Dios durante diez días y diez noches esperando que viniera el Espíritu Santo (Hch. 2:1ss). El creyente debe percibir tan agudamente las necesidades del mundo que ello lo impulse a buscar a Dios y su intervención durante períodos prolongados de tiempos, y tal búsqueda debe ser frecuente (Ef. 6:18).

¿Por qué algunas personas hacen oraciones largas?

1. Algunos creen que las oraciones largas convencen a Dios. Creen que Dios tiene que ser movido, empujado, y motivado a escuchar y responder.
2. Algunos creen que necesitan oraciones largas para explicar su situación. Creen que Dios tiene que ser informado, y que hay que hacerle entender la situación particular, y cómo esta ha afectado al que ora.
3. Algunos creen que las oraciones largas los vuelven más espirituales, maduros y devotos.
4. Algunos creen que las oraciones largas son simplemente un requisito para los creyentes. Algo esperado; es algo religioso y piadoso que hay que hacer.
5. Algunos creen que las oraciones largas demuestran sinceridad a Dios. Procuran asegurar la aprobación de Dios mediante largas oraciones.
6. Algunos creen que las oraciones largas impresionan a las personas. Que así demuestran a la gente lo profundamente espiritual que uno es.

¿De qué manera se evitan los pecados que surgen de las oraciones prolongadas?

«No te des prisa con tu boca, ni tu corazón se apresure a proferir palabra delante de Dios; porque Dios está en el cielo, y tú sobre la tierra; por tanto, sean pocas tus palabras» (Ec. 5:2).

1. «No te des prisa con tu boca.» Controla tu boca. Que tu boca no hable y hable, sin sentido. Muchas veces la boca se da prisa y se apura siguiendo cualquier pensamiento que se cruza por la mente.
2. «Tu corazón no se apresure a proferir palabra delante de Dios.» Guarda silencio, está quieto, sin decir palabra durante unos instantes. No te apresures a hablar.
3. Piensa en lo que Dios es. Imagínate a un hombre; sus labios están quietos; se ha mantenido quieto por algún tiempo. Se ha estado preparando, controlando su mente y pensamientos para poder aparecer ante la Majestad Soberana del universo. Centra sus pensamientos en Dios, en quien está en el cielo, muy por encima de la tierra. Medita en la soberanía y majestad de Dios. Dios es el centro de sus pensamientos (Sal. 46:10).
4. «Sean pocas tus palabras.» Habla: pero que tus palabras sean deliberadas, tan deliberadas como las palabras de cualquier persona que entrevista a un gobernante soberano. Pide: igual que cualquier hijo obediente pide a un padre reverenciado. La persona que así se acerca Dios habla con respeto y premeditación, con cuidado y amor. Dice pocas palabras, pero va al grano; ora a partir de un corazón y una mente preparada.

¿Cuándo debe orar prolongadamente un creyente? *Existen* momentos especiales cuando hace falta un tiempo prolongado de oración. Algunas de esas ocasiones se ven claramente en las Escrituras.

1. A veces se siente interiormente un impulso de alabar y adorar a Dios. Cuando el creyente siente este impulso, debe apartarse y pasar a solas períodos prolongados de alabanza y adoración a Dios (cp. Hch. 16:25).
2. A veces surge una necesidad especial. Puede ser la necesidad propia del creyente o la necesidad de un amigo. Es momento de interceder hasta que Dios le de la seguridad de que la necesidad será suplida (Ef. 6:18; cp. Hch. 12:1-5, esp. v. 5).
3. A veces ha ocurrido o va a ocurrir alguna experiencia o acontecimiento inusual en la vida del creyente o en el ministerio. Es tiempo de apartarse y compartir el acontecimiento con Dios. Y debe permanecer en la presencia de Dios hasta que la experiencia haya tenido lugar (aliento, confianza, poder, fe, amor). (*Véase* nota 1—Mt. 4:1-11.)
4. A veces hay que encarar una gran prueba o tentación. Puede ser necesaria una larga sesión de oración para obtener fuerza y mantener al creyente a salvo de la prueba o tentación. (*Véase* Estudio a fondo 1—Mt. 4:1-11.)
5. A veces algún asunto requiere ser elaborado o una decisión mayor tiene que ser tomada. Es tiempo de buscar ayuda y dirección de la presencia de Dios. Dios debe ser reconocido en todos los caminos del creyente. Debe permanecer ante Dios hasta obtener respuesta. (Cp. Hch. 13:1-3, esp. v. 2.)

Pensamiento 1. La oración es un asunto del corazón, no de palabras y extensión. Orar es compartir; es compartir con Dios así como una persona comparte con cualquier otra persona. Así como comparte pensamientos, sentimientos, alabanza y pedidos con otros, así los comparte con Dios.

Pensamiento 2. Orar es tener una relación personal. Orar no es hablar al aire. Dios puede estar «en lo secreto» (v. 6); tal vez sea invisible, pero está allí. Está allí más que cualquier otra persona que pueda estar en nuestra presencia. Es Él a quien todos deben conocer y con quien todos los hombres deben estar vitalmente unidos. Con demasiada frecuencia se permite que la conciencia y el reconocimiento de su presencia se desvanezcan, entonces hacemos nuestras prolongadas oraciones con la mente distraída saltando de pensamiento en pensamiento. Las oraciones prolongadas se prestan a este peligro. ¡Qué falta de sinceridad! ¡Qué irreverencia! ¡Cuántas veces tiene que ser lastimado y herido el corazón de Dios!

Pensamiento 3. Hay oraciones de creyentes y oraciones de paganos. Cristo mismo hace una distinción. Afirma que ambos oran.
1) Los paganos usan vanas repeticiones y hablan palabras vanas.
2) El creyente está vitalmente relacionado a Dios; por eso, ora a Dios quien es su Padre. Ora a Dios tal como un hijo comparte con su padre a quien venera.

> «Mas tú, cuando ores, entra en tu aposento, y cerrada la puerta, ora a tu Padre que está en secreto; y tu Padre que ve en lo secreto te recompensará en público» (Mt. 6:7).
>
> «¡Ay de vosotros, escribas y fariseos, hipócritas! Porque devoráis las casas de las viudas, y como pretexto hacéis largas oraciones; por esto recibiréis mayor condenación» (Mt. 23:14).
>
> «Todo el trabajo del hombre es para su boca, y con todo eso su deseo no se sacia» (Ec. 6:7).

3 (6:8) *Oración:* la tercera gran regla para la oración es mandatoria: confía en Dios.

1. Dios conoce la necesidad del creyente aún antes que el creyente pida. ¿Entonces, por qué debe orar el creyente? La oración demuestra nuestra necesidad de Dios y nuestra dependencia de él. La oración provee el tiempo para compartir y tener comunión en forma concentrada entre el creyente y Dios. No es suficiente que el hombre en su tránsito por la vida tenga en su mente un conocimiento de Dios. El hombre necesita de momentos en los que esté en la presencia de Dios, en los que pueda concentrar sus pensamientos y tener compañerismo con Dios. Necesita de este tiempo con Dios como necesita de un tiempo con su familia y sus amigos. El hombre no ha sido hecho para vivir aislado de la gente y de Dios. Tiene que tener momentos para estar tanto en la presencia del hombre como en la presencia de Dios, momentos para concentrar sus pensamientos y su atención en ambos.

Por eso, el creyente no ora solamente para suplir sus necesidades, sino para compartir y tener compañerismo y para enriquecer su vida con Dios.

Pensamiento 1. Dios conoce las necesidades del creyente. El creyente no tiene que preocuparse de que Dios conozca o supla sus necesidades. La preocupación del creyente debe ser vivir en la presencia de Dios, tomándose tiempo suficiente para tener compañerismo con Dios. Cuanto más comparta y tenga comunión con Dios, tanto más conocerá a Dios y aprenderá a confiar y depender en el cuidado y las promesas de Dios.

Pensamiento 2. Dios es el Padre del creyente. El creyente es hijo de Dios. Por eso el creyente puede *descansar* en Dios y sus promesas. No tiene que angustiarse ni orar prolongadamente para que su Padre lo oiga. Su Padre ya sabe y cuida de él. Tiene que pasar períodos prolongados compartiendo y teniendo compañerismo, llegando a conocer a su Padre íntimamente.

2. Dios quiere oír. Dios conoce la necesidad del creyente aun antes que el creyente pida (cp. 2 Cr. 16:9; Is. 65:24). Dios quiere oír y contestar la oración del creyente, quiere suplir las necesidades del creyente. Dios quiere obrar para la liberación y salvación del creyente (*véanse* bosquejo y notas—Ro. 8:23-27; 8:28-39. Este es uno de los grandes pasajes sobre seguridad y confianza).

3. Dios ha establecido la oración como el medio por el cual bendecir y moverse entre los hombres (*véase* Estudio a fondo 3, *Oración*— Mt. 6:56; pt. 2—1 Ts. 5:15-22).

> «¡Cuán grande es tu bondad, que has guardado para los que te temen, que has mostrado a los que esperan en ti, delante de los hijos de los hombres!» (Sal. 31:19).
>
> «Muchos dolores habrá para el impío; mas al que espera en Jehová le rodea la misericordia» (Sal. 32:10).
>
> «Jehová redime el alma de sus siervos, y no serán condenados cuantos en él confían» (Sal. 34:22).
>
> «Los que confían en Jehová son como el monte de Sion, que no se mueve, sino que permanece para siempre» (Sal. 125:1).
>
> «Fíate de Jehová de todo tu corazón, y no te apoyes en tu propia prudencia. Reconócelo en todos tus caminos, y él enderezará tus veredas» (Pr. 3:5-6).
>
> «El temor del hombre pondrá lazo; mas el que confía en Jehová será exaltado» (Pr. 29:25).
>
> «Tú guardarás en completa paz a aquel cuyo pensamiento en ti persevera; porque en ti ha confiado. Confiad en Jehová perpetuamente, porque en Jehová el Señor está la fortaleza de los siglos» (Is. 26:3-4).
>
> «Bendito el varón que confía en Jehová, y cuya confianza es Jehová. Porque será como el árbol plantado junto a las aguas, que junto a la corriente echará sus raíces, y no verá cuando viene el calor, sino que su hoja estará verde; y en el año de sequía no se fatigará, ni dejará de dar fruto» (Jer. 17:7-8).

MATEO 6:9-13

	N. La oración modelo[EF1] (Parte III), 6:9-13 (Lc. 11:2-4)	11 El pan nuestro de cada día, dánoslo hoy. 12 Y perdónanos nuestras deudas, como también nosotros perdonamos a nuestros deudores. 13 Y no nos metas en tentación, mas líbranos del mal; porque tuyo es el reino, y el poder, y la gloria, por todos los siglos. Amén.	c. Por el pan diario[EF7] d. Por perdón[EF8] e. Por liberación[EF9] 3 Hay alabanza y compromiso[EF10]
1 Hay sumisión a. A nuestro Padre[EF2] en el cielo[EF3] b. Al sto. nombre de Dios[EF4] 2 Hay petición y ruego a. Por el reino de Dios[EF5] b. Por la voluntad de Dios[EF6]	9 Vosotros, pues, oraréis así: Padre nuestro que estás en los cielos, santificado sea tu nombre. 10 Venga tu reino. Hágase tu voluntad, como en el cielo, así también en la tierra.		

N. La oración modelo (Parte III), 6:9-13

(6:9-13) *Introducción—oración—padrenuestro:* ¿Qué es el Padrenuestro? ¿Es una oración para ser recitada simplemente, como ocurre tantas veces, de memoria, o es una oración modelo?

Note las palabras «Vosotros ... oraréis así». Note también el relato de Lucas donde los discípulos pidieron a Jesús que les enseñase a orar (Lc. 11:1-2). La oración fue dada para enseñar a los discípulos *cómo orar*: cómo debían proceder para orar, no las *palabras* que debían decir. El contexto mismo de lo que Cristo acababa de enseñar lo muestra claramente (cp. Mt. 6:5-8).

El Padrenuestro es una oración modelo cuyos diversos puntos se *recorren en oración*. Es «así»; *de esta manera, según este modelo,* es que una persona debe orar. Cristo estaba enseñando a los discípulos a orar. Les estaba dando palabras, frases, pensamientos que deben ser los temas de la oración del creyente. El creyente debe desarrollar estos temas a medida que ora. Un ejemplo sería algo así:

- «Padre nuestro ... »: «Gracias Padre, por ser nuestro Padre, por habernos adoptado como hijos de Dios, hijos e hijas tuyas. Gracias por los creyentes del mundo que constituyen la familia de Dios. Gracias por la iglesia, el cuerpo de Cristo, que nos da la familia de Dios. Gracias por amarnos tanto.» Y, continuando de esta manera, el creyente debe seguir orando.
- « ... que estás en los cielos»: «Gracias por los cielos, por estar tú en el cielo, por habernos escogido para estar contigo en el cielo. Gracias, Padre, por la esperanza y anticipación del cielo.» Y continuando de esta manera el creyente debe seguir orando.

Cristo enseñó a sus discípulos a orar «así». Cuando el creyente recorre con su oración el Padrenuestro, descubre que ha cubierto el espectro de temas por los que Dios quiere que ore. ¡Cuánto dolor debe soportar el corazón del Señor por la forma en que el hombre ha abusado y usado mal su oración! ¡Cuán desesperadamente necesitan los creyentes recorrer en oración el Padrenuestro! ¡Cuán desesperadamente necesitan los *profetas y maestros* del mundo orar como enseñó Cristo! Cuán necesario es que tú y todos nosotros, ministros de Dios, prediquemos y enseñemos que el Padrenuestro debe ser *recorrido en oración* y no simplemente recitado.

1. Hay sumisión y confesión (v. 9).
2. Hay petición y ruego (vv. 10-13).
3. Hay alabanza y compromiso (v. 13).

ESTUDIO A FONDO 1

(6:9-13) *Oración:* ¿Qué es orar?

1. Orar es compartir y tener comunión con Dios (Mt. 6:9). No es suficiente que la persona tenga un conocimiento de Dios al transitar por la vida. Necesita tener tiempo para estar a solas con Dios y concentrar sus pensamientos y su atención en Dios. Necesita esos períodos con Dios tal como necesita esos períodos con su familia y amigos. El hombre no fue hecho para vivir aislado de la gente y de Dios. Tiene que tener momentos para estar en la presencia tanto del hombre como de Dios, momentos en que pueda concentrar sus pensamientos y su atención en ambos (*véase* nota—Mt. 6:8).

2. Orar es rendirse a Dios (Mt. 6:9). El creyente se rinde a sí mismo y a su tiempo a Dios. No existe algo así como oración sin persona y sin tiempo. La persona tiene que rendirse a Dios antes de querer orar, y aún entonces tiene que tomarse el tiempo para orar. La persona que se ha rendido a Dios y está sometiendo su tiempo o tomándose el tiempo para hablar con Dios está orando (*véase* nota—Mt. 6:9).

3. Orar es pedir y rogar ante Dios (Mt. 6:10). Está demostrando la necesidad y dependencia de la persona respecto de Dios. Es derramar el corazón necesitado y confiar que Dios va a suplir la necesidad.

4. Orar es reconocer y alabar a Dios (Mt. 6:9-10, 13). Es reconocer a Dios como Señor soberano y majestuoso, a quien pertenece el reino, el poder y la gloria, por siempre.

1 **(6:9)** *Oración—sumisión:* la oración del creyente debe ser un acto de sumisión.

1. El creyente se somete a Dios y a la familia de Dios.
   a. Cuando una persona dice sinceramente «Padre», se está sometiendo a Dios. Está ...
      - negando el humanismo, la auto suficiencia y todos los otros dioses.
      - sometiéndose al Padre del Señor Jesucristo.
      - reconociendo que el Padre del Señor Jesucristo es su propio Padre.
   b. Cuando una persona ora «Padre *nuestro*», está sometiendo a Dios su independencia y aceptando la familia de Dios. Está aceptando su responsabilidad en la familia de Dios.

2. El creyente se somete al *cielo*, el mundo o la dimensión espiritual del ser. El creyente se somete y fija su mente y corazón en el reino de Dios y su justicia. Todo su ser está sometido y entregado a buscar las cosas del mundo espiritual. (*Véanse* bosquejo y notas—Ef. 1:3.)

3. El creyente se somete al santo nombre de Dios. El creyente sencillamente se inclina en pobreza total y abyecta, totalmente desprovisto, ante el nombre de Dios. El creyente es anonadado por el conocimiento de la «santidad», la soberanía y majestad de la naturaleza de Dios. ¡Dios es todo; el hombre, nada! El hombre depende totalmente de Dios.

Note: Cuando la persona alcanza este punto de sumisión, está lista para representar sus necesidades a Dios. Es absolutamente consciente de que solamente Dios puede suplir sus necesidades.

ESTUDIO A FONDO 2

(6:9) *Dios—Padre:* Dios es llamado «Padre Nuestro». Padre denota una relación de familia y muestra tres cosas.

MATEO 6:9-13

1. Muestra que «Dios [que está] ... en los cielos» es el Padre del creyente. De esta manera se establece una relación con el mundo invisible, celestial, y el mundo visible, terrenal. Dios representa al mundo invisible y el creyente representa al mundo visible. En el creyente es creado un ser totalmente nuevo (una nueva criatura) y se reconoce y establece todo un mundo nuevo, un mundo espiritual y físico, de lo visible e invisible, del cielo y de la tierra (2 Co. 5:17; Ef. 4:23-24; Col. 4:10. *Véanse* esp. notas—Ef. 2:11-18; pt. 4—2:14-15; 4:17).

2. La palabra «Padre» establece una relación entre un creyente y todo los otros creyentes. Todos los creyentes pertenecen a la misma familia; todos tienen intereses comunes, preocupaciones y responsabilidades dentro de la familia.

3. La palabra «Padre» destaca a Dios como la fuente del creyente. Dios, como Padre, es la persona que ama y provee y se ocupa de las necesidades del creyente, tal como lo hace un padre terrenal al cuidar de su hijo (Mt. 6:25-34, esp. 33; Lc. 11:11-13; Sal. 103:13; Mal. 3:17; cp. He. 2:18; 4:15-16).

Pensamiento 1. «Padre nuestro», este es el primer tema por el cual orar. El creyente debe orar «así».
- «Padre, gracias *por ti mismo*; por ser *nuestro Padre* .... »
- «Gracias por adoptarnos como hijos de Dios; por habernos escogido .... »
- «Gracias por la "casa de Dios", por la "familia de Dios" .... »

Pensamiento 2. La frase «Padre nuestro» dice tres cosas acerca de la oración.
1) El creyente no va a orar solo, al menos no siempre. Esto lo muestra la palabra «nuestro». Cristo acaba de enseñar que la persona debe orar a solas. Ahora dice que hay ocasiones en que debe orar con otros. Dios es «nuestro Padre».
2) Se le enseña al creyente a quién dirigir su oración: a Dios, y solo a Él.
3) Se le enseña al creyente a dirigirse a Dios como «Padre». Se le enseña cuál debe ser su relación con Dios, la de hijo y Padre.

«Pues si vosotros, siendo malos, sabéis dar buenas dádivas a vuestros hijos, ¿cuánto más vuestro Padre que está en los cielos dará buenas cosas a los que le pidan?» (Mt. 7:11).

«Y si invocáis por Padre a aquel que sin acepción de personas juzga según la obra de cada uno, conducíos en temor todo el tiempo de vuestra peregrinación» (1 P. 1:17).

Pensamiento 3. Dios es «*nuestro* Padre». Dios no tiene favoritos: «Dios no hace acepción de personas» (Hch. 10:34).
1) Dios es «*nuestro* Padre» por creación: Él es el Padre de todos los hombres en todas partes porque Él es el Creador de todos (Gn. 1:1; Mal. 2:10; Is. 64:8; Hch. 27:28).
2) Dios es «*nuestro* Padre» por crearnos de nuevo (2 Co. 5:17), y por adoptarnos (*véase* Estudio a fondo 2—Gá. 4:5-6; cp. Ef. 1:5). Él es «*nuestro* Padre» y lo es de todos los que creen en el Señor Jesucristo y en la redención que es en Él (Ef. 2:19).

«Pues no habéis recibido el espíritu de esclavitud para estar otra vez en temor, sino que habéis recibido el Espíritu de adopción, por el cual clamamos: ¡Abba, Padre!» (Ro. 8:15).

«Pero cuando vino el cumplimiento del tiempo, Dios envió a su Hijo, nacido de mujer y nacido bajo la ley, para que redimiese a los que están bajo la ley, a fin de que recibiésemos la adopción de hijos. Y por cuanto sois hijos, Dios envió a vuestros corazones el Espíritu de su Hijo, el cual clama: ¡Abba, Padre!» (Gá. 4:4-6).

Pensamiento 4. Hay un momento en particular cuando el creyente tiene que acercarse a Dios como a su Padre: y es cuando vuelve a Dios arrepentido de pecar (cp. el hijo pródigo, Lc. 15:18).

Pensamiento 5. «Padre nuestro» determina todas las relaciones existentes en el mundo.
1) Determina la relación de una persona consigo misma. Toda persona falla y fracasa, y a veces se deprime en sí misma. Se siente como un fracaso: sin esperanza, sin ayuda, indigna, inútil. «Padre nuestro» indica que esa persona también cuenta; para Dios siempre cuenta. Puede venir al Padre y compartir sus angustias.
2) Determina la relación de la persona con otros (*véase* Pensamiento 3).

ESTUDIO A FONDO 3

(6:9) *Cielo:* en el griego la palabra es plural, cielos. El Nuevo Testamento habla de por lo menos tres cielos:
- La atmósfera que rodea la tierra (cp. Mt.6:25, «las aves del cielo»).
- El espacio exterior de cuerpos celestiales (cp. Mt. 24:29; Ap. 6:13).
- El espacio por encima y más allá de la dimensión física de la existencia, donde se manifiesta plenamente la presencia de Dios. En el lenguaje moderno es una dimensión «encima y más allá» totalmente distinta de esta existencia; es el *mundo espiritual, otra dimensión de la existencia.* Es un mundo espiritual donde se manifiesta plenamente la presencia de Dios, y donde Cristo y sus seguidores esperan el glorioso día de la redención. Ese glorioso día de redención es el día cuando Dios tome los cielos y la tierra, imperfectos, (la dimensión física) y los transforme en cielos nuevos y tierra nueva (la dimensión espiritual y eterna). (Para más discusión *véase* nota—2 P. 3:8-10, esp. 3:11-14.)

Pensamiento 1. «Padre nuestro ... en los cielos» es el segundo tema por el cual orar. El creyente debe orar «así»:
- «Padre, gracias por el cielo; por la esperanza y anticipación del cielo .... »
- «Gracias porque tú estás en el cielo .... »
- «Gracias por tu promesa de que nosotros estaremos donde tú estás .... » (Jn. 17:24).

Pensamiento 2. Note varias lecciones.
1) El creyente tiene que dirigir sus oraciones al cielo. El trono de Dios está en el cielo (Sal.103:19), y es ante el trono de Dios donde se presente Cristo como Abogado y Mediador del creyente.

«Pero Esteban, lleno del Espíritu Santo, puestos los ojos en el cielo, vio la gloria de Dios, y a Jesús que estaba a la diestra de Dios, y dijo: He aquí, veo los cielos abiertos, y al Hijo del Hombre que está a la diestra de Dios» (Hch. 7:55-56).

«Porque hay un solo Dios, y un solo mediador entre Dios y los hombres, Jesucristo hombre» (1 Ti. 2:5).

«El cual se dio a sí mismo en rescate por todos, de lo cual se dio testimonio a su debido tiempo» (1 Ti. 2:6).

«Ahora bien, el punto principal de lo que venimos diciendo es que tenemos tal sumo sacerdote, el cual se sentó a la diestra del trono de la Majestad en los cielos» (He. 8:1).

«Pero ahora tanto mejor ministerio es el suyo, cuanto es mediador de un mejor pacto, establecido sobre mejores promesas» (He. 8:6).

«Así que, por eso es mediador de un nuevo

pacto, para que interviniendo muerte para la remisión de las transgresiones que había bajo el primer pacto, los llamados reciban la promesa de la herencia eterna» (He. 9:15).
2) ¿Cómo debemos acercarnos a Dios? Las palabras «Padre nuestro ... en los cielos» lo aclaran.
   a. «Padre» dice que podemos acercarnos osadamente para «hallar gracia para el socorro oportuno» (He. 4:16).
   b. «En los cielos» dice que debemos acercarnos respetuosamente, en reverencia temor y asombro (Sal. 111:9; cp. Ec. 5:2).
3) Los cielos revelan el poder y la gloria de Dios. El espacio muestra la obra de sus manos (Sal. 19:1; 150:1). Cuando se conectan las palabras «Padre nuestro» y «en los cielos» se unen dos grandes cosas: el amor y el poder de Dios. Por amor Dios ha llegado a ser «nuestro Padre», y «en los cielos» muestra su glorioso poder que está a disposición de los hijos de Dios. El Padre del creyente tiene el poder de hacer cualquier cosa, aún de afirmar al mundo en el espacio (Ef. 3:20; Sal. 121:1-8).
4) La verdadera ciudadanía del creyente está en el cielo (Fil. 3:20). Allí está Dios; allí también está el Señor Jesús (He. 8:1; cp. Sal. 103:19). Por eso, el anhelo del corazón del creyente maduro es estar en el cielo donde está su Padre y su Señor. Dirige su atención, sus oraciones, energía y vida a los cielos.

«Pero no os regocijéis de que los espíritus se os sujetan, sino regocijaos de que vuestros nombres están escritos en los cielos» (Lc. 10:20).

«En la casa de mi Padre muchas moradas hay; si así no fuera, yo os lo hubiera dicho; voy, pues, a preparar lugar para vosotros» (Jn. 14:2).

«Porque todos sabemos que si nuestra morada terrestre, este tabernáculo, se deshiciere, tenemos de Dios un edificio, una casa no hecha de manos, eterna, en los cielos» (2 Co. 5:1).

«Mas nuestra ciudadanía está en los cielos, de donde también esperamos al Salvador, al Señor Jesucristo» (Fil. 3:20).

«A causa de la esperanza que os está guardada en los cielos, de la cual habéis oído por la palabra verdadera del evangelio» (Col. 1:5).

«Porque [Abraham] esperaba la ciudad que tiene fundamentos, cuyo arquitecto y constructor» (He. 11:10).

5) Dios ve todo desde el cielo (Sal. 33:13-19).
   • Ve a todos los hijos de los hombres.
   • Mira a todos los habitantes de la tierra.
   • Considera a todas sus obras.

Pero hay una cosa que Dios ve en particular, a la persona que teme a Dios y tiene sus esperanzas en su misericordia. Ve a esta persona a efectos de librar su alma de la muerte (Sal. 33:18-19). Esta es una de las principales razones por las que el creyente mantiene sus ojos puestos en el cielo.

ESTUDIO A FONDO 4

(6:9) *Santificado sea (hagiastheto):* ser considerado santo; ser tratado como santo; ser contado y tratado de manera diferente. La oración es para que los hombres consideren y traten el nombre de Dios en forma diferente, a separar el nombre de Dios de todos los otros nombres (*véase* nota—1 P. 1:15-16).

Pensamiento 1. «Santificado sea tu nombre» es el tercer tema por el cual orar. El creyente debe orar «así»:
• «Santificado sea tu nombre. Tu nombre es santo, apartado, diferente de todo otro nombre. No hay otro sino tú ... tú y solo tú. Tu estás por encima, delante y sobre todos ....»

Pensamiento 2. Note varias lecciones.
1) El nombre de Dios es santo, justo y puro. Está por encima, delante y sobre todos los nombres. Por eso, la oración del creyente es que el nombre de Dios sea adorado y honrado por todos los hombres. (*Véanse* bosquejo y notas—Mt. 5:33-37 en cuanto al contraste en cómo algunos tratan el nombre de Dios).
2) Lo primero que la oración debe hacer es alabar y glorificar a Dios. Ese es el punto que Cristo señala con las palabras:
   • «Padre nuestro ...
   • que estás en los cielos ...
   • santificado sea tu nombre».

Dios ha hecho todas las cosas; ha hecho al mundo y le ha dado vida. El hombre le debe a Dios el hecho de vivir. Por eso, lo primero que el hombre debe hacer es alabar a Dios.

«Toda buena dádiva y todo don perfecto desciende de lo alto» (Stg. 1:17).

3) El propósito del hombre es glorificar a Dios por medio de su vida: «Sed santos, porque yo soy santo» (1 P. 1:15-16). La vida incluye el habla; por eso, el hombre debe alabar la santidad de Dios mediante palabras tanto como con su vida. En efecto, como el propósito principal del hombre es ser santo, es lógico que las primeras palabras dichas a Dios sean para alabar su santidad. Toda oración debe estar centrada en alabar a Dios por lo que es, en toda su santidad y plenitud. Su nombre es «santificado» diferente, separado de todo otro nombre. Y, gracias a Dios porque su nombre está separado, porque imagínese lo que sería la vida si su nombre no fuese más que el nombre de una persona.

«Si en esta vida solamente esperamos en Cristo, somos los más dignos de conmiseración de todos los hombres» (1 Co. 15:19).

4) La gloria de Dios es precisamente la razón por la que Cristo vino a la tierra (Jn. 17:1-26, esp. vv. 1, 4-6, 22-26). Dios dice que Él será exaltado en la tierra aún en medio de los paganos (Sal. 46:10, cp. Sal. 2:1-5, esp. vv. 4-5). ¡Cuán necesario es que el hombre fije su mente en la santidad y gloria del nombre de Dios!

«Porque así dijo el Alto y Sublime, el que habita en la eternidad, y cuyo nombre es Santo: Yo habito en la altura y la santidad, y con el quebrantado y humilde de espíritu, para hacer vivir el espíritu de los humildes, y para vivificar el corazón de los quebrantados» (Is. 57:15).

«Y Daniel habló y dijo: Sea bendito el nombre de Dios de siglos en siglos, porque suyos son el poder y la sabiduría» (Dn. 2:20).

«Estad quietos, y conoced que yo soy Dios; seré exaltado entre las naciones; enaltecido seré en la tierra» (Sal. 46:10).

5) Los hombres se alaban y honran unos a otros. Los hombres glorifican a los hombres, incluso hacen imágenes de ellos (*véase* nota—Mt. 6:2). Algunos son más leales a los nombres de los famosos (atletas, estrellas, políticos) que al nombre de Dios. Están más perturbados cuando se habla irrespetuosamente de su ídolo que cuando es blasfemado el nombre de Dios. De qué manera tan distinta presentan las Escrituras el nombre de Dios: «Santificado sea tu nombre». Dios dice que el hombre que blasfeme su nombre será severamente juzgado (Éx. 20:7).

2 (6:10-13) *Oración:* el creyente ha de pedir y rogar varias cosas (*véanse* Estudios a fondo 5-9—Mt. 6:10, 11, 12, 13).

MATEO 6:9-13

ESTUDIO A FONDO 5

(6:10) *Reino de Dios:* véase nota—Mt. 19:23-24.

Pensamiento 1. «Venga tu reino» es el primer pedido que hay que hacer en oración. El creyente debe orar «así»:
- «Padre, que tu reino venga aquí mismo a la tierra. Que Cristo reine en el corazón y en la vida de todos. Envíalo, envía su reino, su reino soberano, ahora. Dios, te pido que así venga el Señor Jesús ahora .... »

Pensamiento 2. El reino de Dios debe ser el foco de atención de los pedidos del creyente, la primerísima cosa que pide. Hay tres motivos para esto.
1) Es precisamente el mensaje que Jesucristo y los primeros apóstoles predicaron enseñaron y pidieron en oración (Mt. 3:2; 4:17; 5:3, 10, 19-20).
2) Es precisamente lo que Dios anhela. Dios anhela el día en que gobierne y reine en los corazones de todos los hombres, de manera perfecta —el día cuando todos los hombres estén dispuestos a someterse y servirle a Él— Él día cuando todos los pensamientos, todas las palabras, toda conducta sean exactamente lo que deben ser.
3) Es la sustancia misma de la vida del creyente, o al menos debería ser así. El creyente debe vivir y amar y tener su existencia para Dios, y solo para Dios. Toda su meta, y atención, energía y esfuerzo deben estar centrados en el gobierno y reino del Dios de la tierra.

   «Diciendo: Arrepentíos, porque el reino de los cielos se ha acercado» (Mt. 3:2).

   «Desde entonces comenzó a predicar, y a decir: Arrepentíos, porque el reino de los cielos se ha acercado» (Mt. 4:17).

   «Bienaventurados los pobres en espíritu, porque de ellos es el reino de los cielos» (Mt. 5:3).

   «Bienaventurados los que padecen persecución por causa de la justicia, porque de ellos es el reino de los cielos» (Mt. 5:10).

   «Porque el reino de Dios no es comida ni bebida, sino justicia, paz y gozo en el Espíritu Santo» (Ro. 14:17).

Pensamiento 3. «Venga tu reino» es futuro. Es la petición por algo que ahora no existe en la tierra. Es la petición por el gobierno y reinado de Dios y de su reino. El creyente debe orar «venga tu reino».

   «Porque os digo que si vuestra justicia no fuere mayor que la de los escribas y fariseos, no entraréis en el reino de los cielos» (Mt. 5:20).

   «Entonces el rey dirá a los de su derecha: Venid, benditos de mi Padre, heredad el reino preparado para vosotros desde la fundación del mundo» (Mt. 25:34).

   «Confirmando los ánimos de los discípulos, exhortándoles a que permaneciesen en la fe, y diciéndoles: Es necesario que a través de muchas tribulaciones entremos en el reino de Dios» (Hch. 14:22).

   «Hermanos míos amados, oíd: ¿No ha elegido Dios a los pobres de este mundo, para que sean ricos en fe y herederos del reino que ha prometido a los que le aman?» (Stg. 2:5).

   «Sí, ven, Señor Jesús» (Ap. 22:20).

Pensamiento 4. El reino de Dios *es* accesible. Se necesita desesperadamente al reino de Dios en la tierra ahora mismo. Son tantas las cosas que corroen y consumen al hombre: tanta rebelión, malicia, mal, enemistad, amargura, odio, homicidio, injusticia, depravación y hambre. Ahora se necesitan el gobierno y reinado de Dios. El creyente tiene que ver esta urgencia para orar regularmente: «Venga tu reino», y vivir como si el reino de Dios ya estuviera aquí.

ESTUDIO A FONDO 6

(6:10) *Dios, su voluntad:* «Hágase tu voluntad» le dicen tres cosas cruciales a Dios.
1. Que vamos a procurar de agradar a Dios en todo lo que hagamos. Vamos a hacer nuestra parte para ver que la voluntad de Dios sea hecha en la tierra.
2. Que Dios puede hacer con nosotros lo que le plazca. No importa lo que escoja para nosotros, nos ponemos a su disposición, para su uso, aún si ello requiere el sacrificio de cuanto somos y tenemos.
3. Que no vamos a estar disconformes con lo que Dios haga con nosotros. Tal vez no lo entendamos; tal vez no tenga sentido; tal vez haya pregunta tras pregunta; pero sabemos que la voluntad de Dios es lo mejor, y que Él va a usar todas las cosas para bien.

Pensamiento 1. «Hágase tu voluntad, como en el cielo, así también en la tierra» es la segunda petición para orar. El creyente debe orar «así»:
- «Padre, hágase tu voluntad; tu voluntad y nada más que la tuya. No hay otra voluntad que la tuya. Que sea hecha ahora mismo, aquí en la tierra ... »

Pensamiento 2. Existen cuatro voluntades que luchan por la obediencia del hombre.
1) La propia voluntad del hombre (Ro. 12:1-2; cp. Ro. 7:15ss; Gá. 5:17).
2) La voluntad de otros hombres (1 P. 4:2).
3) La voluntad de Satanás (Jn. 8:44).
4) La voluntad de Dios (Ef. 5:15-17, esp. v. 17; Fil. 2:13; 1 Jn. 2:17).

Pensamiento 3. Aquí hay tres lecciones importantes.
1) Muchos dicen Rey a Dios, pero no lo honran como Rey. No hacen su voluntad. Su profesión es falsa, y ello crea trágicamente la imagen de un Rey falso y sin sentido ante el mundo.
2) *Tenemos que conocer la voluntad de Dios* si queremos que ella sea hecha. Ello requiere estudio: «Procura con diligencia presentarte a Dios aprobado» (2 Ti. 2:15). Para nosotros, la única forma de poder hacer la voluntad de Dios es estudiar su Palabra y pedir la sabiduría y fuerza para aplicarla a nuestras vidas (2 Ti. 3:16).
3) Debemos pedir que la voluntad de Dios sea hecha *en la tierra*. La tierra es el sitio donde la voluntad de Dios se necesita tan desesperadamente. Ella es el sitio ...
   - donde hay tanto pecado y corrupción.
   - donde hay tanto sufrimiento y dolor.
   - donde hay tanta lucha y muerte.
   - donde el creyente es tentado.

   «Entonces María dijo: He aquí la sierva del Señor; hágase conmigo conforme a tu palabra. Y el ángel se fue de su presencia» (Lc. 1:38).

   «Ni tampoco presentéis vuestros miembros al pecado como instrumentos de iniquidad, sino presentaos vosotros mismos a Dios como vivos de entre los muertos, y vuestros miembros a Dios como instrumentos de justicia» (Ro. 6:13).

   «Someteos, pues, a Dios; resistid al diablo, y huirá de vosotros» (Stg. 4:7).

   «El hacer tu voluntad, Dios mío, me ha agradado» (Sal. 40:8).

   «Enséñame a hacer tu voluntad, porque tú eres mi Dios; tu buen espíritu me guíe a tierra de rectitud» (Sal. 143:10).

4) «Hágase tu voluntad, como en el cielo, así también en la tierra». El creyente está orando que el *cielo (el gobierno del cielo) venga a la tierra.* Se está comprometiendo a hacer que la tierra sea más semejante al cielo.
   a. Sometiéndose a sí mismo «a Dios como vivo de entre los muertos ... » (Ro. 6:13).

MATEO 6:9-13

b. Yendo y enseñado «a todas las naciones todas las cosas que os he [Cristo] enseñado» (Mt. 28:19-20).

ESTUDIO A FONDO 7

(6:11) *Pan:* el pan es la necesidad básica de la vida, el símbolo de todo lo que es necesario para sobrevivir y tener una vida plena. Esta simple petición encierra un gran significado.

1. «El pan *nuestro ...* dá*noslo ...* » las palabras *nuestro* y *nosotros* dejan de lado el egoísmo y muestran preocupación por otros. Toda persona que a la noche se acuesta con hambre debe ser una preocupación para el creyente.
2. «*Hoy.* Esto elimina la preocupación y ansiedad acerca del mañana y del futuro distante. También nos enseña y ayuda a confiar en Dios cada día. «El justo por la fe vivirá ... « día a día.
3. «De *cada día ...* » Todo creyente tiene una porción de pan diario que es suyo. No pide el pan de otro, sino el suyo propio. Procura y trabaja por el propio pan; no piensa en hurtar o comer de la mesa de otro (2 Ts. 3:10).
4. «El *pan ...* dánoslo». Pedimos por las necesidades, no por los postres de este mundo.
5. «El *pan ...* dánoslo». El creyente confiesa su incapacidad y su dependencia de Dios. Aun para las cosas elementales de la vida depende de Dios.
6. «*El pan ... de cada día* dánoslo hoy». Esto enseña al creyente a venir cada día a Dios en oración y confiar que Él suplirá sus necesidades.

Pensamiento 1. «El pan ... de cada día dánoslo hoy», es el tercer pedido de esta oración. El creyente debe orar «así»:
- «Padre, dános en el día de hoy nuestro pan, tanto espiritual como físico. Alimenta nuestras almas y nuestros cuerpos. Que éste sea un día glorioso en ti. Además, oh Señor, el mundo muere de hambre de ti, y muchos mueren de hambre sin tener qué comer .... »

Pensamiento 2. Dios cuida del hombre, se ocupa de su bienestar.
1) Se ocupa del bienestar físico del hombre (Mt. 6:11; Mt. 6:25-34).

   «No os afanéis, pues, diciendo: ¿Qué comeremos, o qué beberemos, o qué vestiremos? Porque los gentiles buscan todas estas cosas; pero vuestro Padre celestial sabe que tenéis necesidad de todas estas cosas. Mas buscad primeramente el reino de Dios y su justicia, y todas estas cosas os serán añadidas» (Mt. 6:31-33).
2) Dios cuida del bienestar mental y emocional del hombre.

   «Porque no nos ha dado Dios, espíritu de cobardía, sino de poder, de amor y de dominio propio» (2 Ti. 1:7).

   «Por lo demás, hermanos, todo lo justo, todo lo puro, todo lo amable, todo lo que es de buen nombre; si hay virtud alguna, si algo digno de alabanza, en esto pensad» (Fil. 4:8).

   «Mas el Dios de toda gracia, que nos llamó a su gloria eterna en Jesucristo, después que hayáis padecido un poco de tiempo, él mismo os perfeccione, afirme, fortalezca y establezca» (1 P. 5:10).
3) Dios cuida del bienestar espiritual del hombre.

   «¿No sabéis que sois templo de Dios, y que el Espíritu de Dios mora en vosotros? Si alguno destruyere el templo de Dios, Dios le destruirá a él; porque el templo de Dios, el cual sois vosotros, santo es» (1 Co. 3:16-17).

   «¿O ignoráis que vuestro cuerpo es templo del Espíritu Santo, el cual está en vosotros, el cual tenéis de Dios, y que no sois vuestros? Porque habéis sido comprados por precio; glorificad, pues, a Dios en vuestro cuerpo y en vuestro espíritu, los cuales son de Dios» (1 Co. 6:19-20).

Pensamiento 3. Dios cuida del cuerpo humano. Varias cosas lo demuestran.
1) Dijo que pidamos por las necesidades de la vida, diariamente (Mt. 6:11).
2) Envió a su único Hijo al mundo con cuerpo humano.
3) Resucitó a Cristo en su cuerpo, un cuerpo resucitado.
4) Prometió dar al creyente un cuerpo nuevo, resucitado. El creyente vivirá eternamente en «el cuerpo resucitado».
5) Ha escogido al cuerpo del creyente como «templo del Espíritu Santo» (1 Co. 6:19-20).

Pensamiento 4. Esta sencilla petición encierra una gran lección tanto para ricos como para pobres.
1) El rico se siente auto suficiente, como si sus posesiones vinieran de sus propias manos. Por eso piensa, «¿Quién es el Señor?»
2) El pobre no tiene nada, y muchas veces se ve forzado a hurtar. De esa manera levanta el puño y maldice a Dios por sus condiciones de vida.

«Vanidad y palabra mentirosa aparta de mí; no me des pobreza ni riqueza; manténme del pan necesario; no sea que me sacie y te niegue, y diga: ¿Quién es Jehová? O que siendo pobre, hurte, y blasfeme el nombre de mi Dios» (Pr. 30:8-9).

El creyente debe confiar en Dios para las necesidades de la vida y alabar a Dios por lo que recibe. Ha aprendido «a contentarse, cualquiera sea su situación» (Fil. 4:11; cp. 4:12-13).

ESTUDIO A FONDO 8

(6:12) *Perdón, espiritual:* la palabra «deudas» *(opheilema)* significa cuentas a pagar, obligaciones, lo que se debe, lo que hay que pagar legalmente. Con referencia al pecado significa un fracaso en pagar las deudas, obligaciones; un fracaso en cumplir con el deber; de cumplir con las responsabilidades.

Dios le ha dado al hombre ciertas reponsabilidades, ciertas cosas para hacer y otras para no hacer. Todo hombre ha fallado en alguna medida en hacer lo que debía. Ciertamente, nadie afirmaría haber cumplido perfectamente con sus obligaciones, sin fallar, sin ninguna deficiencia. En algún punto y en alguna medida todos fallan. Todos tienen necesidad de orar: «Perdónanos nuestras deudas, como también nosotros perdonamos a nuestros deudores».

Esta oración pide que Dios haga tres cosas

1. Perdonar *la deuda del pecado.* La persona ha fallado a Dios en el cumplimiento de su deber; por eso, necesita que Dios le perdone la deuda.
2. Perdonar *la deuda de culpa y castigo.* La persona que ha fallado en pagar sus deudas es culpable; por eso, pagará las consecuencias; será castigada. Por este motivo tiene que orar: «Padre, perdona mis deudas .... »
3. Perdonar las *deudas propias como uno ha perdonado* a sus deudores. Esto significa pedir a Dios que perdone exactamente como uno perdona a otros. Si uno perdona, Dios perdona. Si uno no perdona, Dios no perdona. Por lo tanto, si una persona guarda algo contra otra, no recibe perdón de los pecados propios, no importa lo que pueda pensar o lo que otra persona le haya dicho. (Cp. Mt. 6:14-15.)

Pensamiento 1. «Perdónanos nuestras deudas, como también nosotros perdónamos a nuestros deudoresl. Es el cuarto pedido para orar. El creyente debe orar «así».
1) «Padre, perdóname, ten misericordia de mí, pecador, que no soy nada. Oh Dios, tú eres todo, ten misericordia .... »
2) «Padre, perdona a otros, a todos los otros. No guardo rencor en mi interior. Oh Dios, si hay algo en mi corazón contra alguien, ayúdame a perdonar .... »

Pensamiento 2. Al pedir perdón tenemos un deber tanto hacia Dios como hacia el hombre.
1) Nuestro deber hacia Dios es pedir perdón cuando fallamos en hacer su voluntad.

>«Si confesamos nuestros pecados, él es fiel y justo para perdonar nuestros pecados, y limpiarnos de toda maldad» (1 Jn. 1:9).
>
>«Deje el impío su camino, y el hombre inicuo sus pensamientos, y vuélvase a Jehová, el cual tendrá de él, misericordia, y al Dios nuestro, el cual será amplio en perdonar» (Is. 55:7).
>
>«Y los limpiaré de toda su maldad con que pecaron contra mí; y perdonaré todos sus pecados con que contra mí pecaron, y con que contra mí se rebelaron» (Jer. 33:8).

2) Nuestra obligación hacia el hombre es perdonar sus pecados contra nosotros.

>«Y cuando estéis orando, perdonad, si tenéis algo contra alguno, para que también vuestro Padre que está en los cielos os perdone vuestras ofensas» (Mr. 11:25).
>
>«Y si siete veces al día pecare contra ti, y siete veces al día volviere a ti, diciendo: Me arrepiento; perdónale» (Lc.17:4).
>
>«Antes sed benignos unos con otros, misericordiosos, perdonándoos unos a otros, como Dios también os perdonó en Cristo» (Ef. 4:32).
>
>«Soportándoos unos a otros, y perdonándoos unos a otros si alguno tuviere queja contra otro. De la manera que Cristo os perdonó, así también hacedlo vosotros» (Col. 3:13).

Si queremos ser perdonados, ambas obligaciones tienen que ser cumplidas. Tenemos que perdonar a los que pecan contra nosotros (Mt. 6:12), y pedir perdón por nuestros pecados (1 Jn. 1:9).

Pensamiento 3. Existen aquellos que nos hacen mucho mal. En este mundo hay muchos que dicen y hacen toda clase de mal contra nosotros. Las malas noticias y los propósitos perversos andan sin control, y ello no siempre ocurre *fuera* de la iglesia, ni *fuera* de la familia. A veces se comete terrible mal, en palabra y hecho, dentro de la iglesia y dentro de la familia de una persona (Ef. 4:30-32; cp. Mt. 10:21; Mr. 13:12-13). Cristo dice que no debemos reaccionar de la misma manera ni ser ásperos con quienes pecan severamente contra nosotros, en cambio debemos perdonar. Debemos perdonar si queremos ser perdonados.

- Algunos nos golpean (Mt. 5:39).
- Algunos nos llevan a juicio (Mt. 5:40).
- Algunos nos usan con desprecio (Mt. 5:44).
- Algunos nos maldicen (Mt. 5:44).
- Algunos nos odian (Mt. 5:44).
- Algunos nos persiguen (Mt. 5:44).
- Algunos nos obligan contra nuestra voluntad (Mt. 5:41).
- Algunos esparcen rumores acerca de nosotros (Mt. 5:11).

Pensamiento 4. Hay cuatro cosas que un creyente debe hacer cuando ha sido ofendido.
1) El creyente debe entender (Pr. 11:12; 15:21;17:27-28; cp. Ef. 1:8). Siempre hay un motivo por el cual una persona peca contra el creyente. Con demasiada frecuencia lo olvidamos.
   a. La persona puede ser maltratada por alguien cercano a ella. Quizá sea apartada, descuidada e ignorada. Por eso, puede reaccionar contra un creyente, y la reacción puede ser desde auto-compasión hasta amargura y hostilidad.
   b. La persona puede estar cansada, agraviada y preocupada. Entonces puede volverse demasiado directa, cortante, o áspera hacia el creyente.
   c. La persona puede ser de naturaleza tímida, o tener un sentido de inferioridad; entonces puede actuar en forma poco amistosa y desconsiderada hacia el creyente.
   d. La persona puede haber escuchado rumores y chismes y fantasías descontroladas; quizá lo haya escuchado de alguien herido; tal vez le mintieron o informaron mal. Por eso puede actuar con desconfianza sin querer involucrarse con el creyente.
   e. La persona puede tener una gran necesidad de atención y apoyo emocional. Entonces puede imaginar cosas, exagerar, culpar, acusar al creyente a efectos de obtener el apoyo de amigos y recibir la atención que necesita.
2) El creyente debe controlarse (Ef. 4:2; Col. 3:13).
3) El creyente debe perdonar (Ef. 4:31-32).
4) El creyente debe olvidar, es decir, no guardar el mal que le hicieron (Fil. 3:13; cp. 2 Co. 10:5).

Pensamiento 5. Note cuatro lecciones adicionales que hay que destacar.
1) Un espíritu que no perdona causa dolor, heridas y tragedia—tanto a sí mismo como a otros. Puede arruinar vidas, especialmente las vidas de aquellos que están más cerca y que le son más queridos.
2) Podemos maldecirnos a nosotros mismos orando el Padrenuestro. Si oramos el Padrenuestro «Padre ... perdónanos *como nosotros perdonamos* a nuestros deudores» enojados y sin perdonar a quienes pecan contra nosotros, estamos en problemas. El mismo juicio que pronunciamos contra otros, será sobre nosotros mismos.
3) El perdón es condicional. El motivo es explicado con sencillez. Hemos pecado contra Dios, y otras personas han pecado contra nosotros. Si queremos que Dios nos perdone, nosotros tenemos que perdonar a quienes han pecado contra nosotros. ¿Cómo podemos esperar que Dios nos perdone, si nosotros no perdonamos a quienes nos han ofendido? No podemos esperar un trato mejor del que damos.
4) Perdonar a otros da evidencia de que Dios ha perdonado nuestros pecados.

ESTUDIO A FONDO 9

(6:13) *Tentación—liberación:* Dios no hace pecar al hombre; Él no tienta al hombre (Stg. 1:13). Cristo está diciendo dos cosas.

1. Ora, pide que Dios te guarde de la terrible fuerza de la tentación. El creyente tiene que tener un sentido de su debilidad personal ante la tentación.

2. Ora, pide que Dios te libre del mal. El griego dice: «del malo», esto es, de Satanás. El pedido es que Dios nos rescate, preserve y guarde. El, el malo, es tan engañoso y tan poderoso; es tan poderoso como un león rugiente (1 P. 5:8). El ruego y clamor es que Dios nos libre de (1) tentación y (2) del malo. (Cp. Ro. 8:31; 1 Jn. 4:4; cp. 1 Co. 10:13. *Véanse* también los bosquejos—Stg. 4:7-10; *véanse* notas—Lc. 4:1-2.)

Pensamiento 1. «Y no nos metas en tentación, mas líbranos del mal», es la quinta petición para orar. El creyente debe orar «así»:

- «Padre, no nos metas en tentación. La tentación viene frecuentemente; su atracción es tan fuerte. Nos ponemos en su camino. Buscamos nuestro propio camino y reaccionamos a cada vuelta. Oh Dios, no nos dejes librados a nosotros mismos .... »
- Y, «querido Padre, líbranos del malo. Es maestro del engaño y pinta cuadros tan hermosos. Si nos dejas librados a nosotros mismos, caeremos. Y, oh Dios, es capaz de ser un «león rugiente» tratando

de devorarnos. Líbranos, rescátanos, presérvanos y protégenos .... »

Pensamiento 2. Una vez que nuestros pecados han sido perdonados (v. 12), tenemos que pedir a Dios que nos guarde de pecar otra vez. Hay dos cosas esenciales para guardarnos de pecar: (1) ser librados de la tentación (*véase* nota—Lc. 4:1-2) y (2) liberación del «malo» (*véase* nota—Ap. 12:9).

Pensamiento 3. Esta petición la necesita todo creyente. ¿Por qué? Hay dos razones.
1) Todos los creyentes son tentados, y con frecuencia, no por cosas extrañas, sino por las cosas que son comunes a todos. Las tentaciones vienen y vendrán a todos; las mismas tentaciones (1 Co. 10:13).
2) Ningún creyente está excento de caer.

«Así que, el que piense estar firme, mire que no caiga» (1 Co. 10:12).

Pensamiento 4. Por dos motivos hay que orar contra la tentación.
1) Porque a Dios el pecado le causa gran dolor y sufrimiento (Sal. 15:4).
2) Porque el pecado causa grandes problemas, culpa, y dolor, tanto para uno mismo como para los otros (Lc. 19:41-44; cp. Mt. 23:37; Lc. 13: 34).

Pensamiento 5. El creyente necesita ayuda para vencer «al malo». El *malo* ataca (1) mediante el engaño (2 Co. 11:3, 14-15; Ap. 12:9) y (2) por asalto directo, procurando devorar (1 P. 5:8).

Pensamiento 6. Al tratar con «el malo» el creyente tiene que recordar dos cosas.
1) «Mayor es el que está en vosotros, que el que está en el mundo» (1 Jn. 4:4).
2) «¿Qué, pues, diremos a esto? Si Dios es por nosotros, ¿quién contra nosotros?» (Ro. 8:31; cp. Ro. 8:31-39).

> «No os ha sobrevenido ninguna tentación que no sea humana; pero fiel es Dios que no os dejará ser tentados más de lo que podéis resistir, sino que dará también juntamente con la tentación la salida, para que podáis soportar» (1 Co. 10:13).
>
> «Hermanos míos, tened por sumo gozo cuando os halléis en diversas pruebas, sabiendo que la prueba de vuestra fe produce paciencia» (Stg. 1:2-3).
>
> «Bienaventurado el varón que soporta la tentación; porque cuando haya resistido la prueba, recibirá la corona de vida, que Dios ha prometido a los que le aman» (Stg. 1:12).
>
> «Sabe el Señor librar de tentación a los piadosos, y reservar a los injustos para ser castigados en el día del juicio» (2 P. 2:9).
>
> «Y a aquel que es poderoso para guardaros sin caída, y presentaros sin mancha delante de su gloria con gran alegría, al único y sabio Dios, nuestro Salvador, sea gloria y majestad, imperio y potencia, ahora y por todos los siglos. Amén» (Jud. 24-25).
>
> «Por cuanto has guardado la palabra de mi paciencia, yo también te guardaré de la hora de la prueba que ha de venir sobre el mundo entero, para probar a los que moran sobre la tierra» (Ap. 3:10).

3 (6:13) *Doxología—el reino, y el poder, y la gloria:* estas palabras no se encuentran en los mejores y más antiguos manuscritos griegos. Muchos eruditos creen que la doxología fue agregada en una fecha posterior para su uso en la adoración pública. Sin embargo, hay una doxología similar que proviene de David (1 Cr. 29:11). El punto esencial de la doxología es acentuar que todo pertenece a Dios.

1. El es *la fuente* del reino, del poder y de la gloria.
2. El es *el titular* del reino, del poder y de la gloria.
3. El es *el receptor* del reino, del poder y de la gloria.

El creyente pertenece al reino, al poder y a la gloria de Dios.
1. El creyente pertenece al reino de Dios: Dios ha aceptado al creyente en el reino de Dios y promete llevarlo a ese reino y a su gloria, ya sea en el momento de la muerte o al regreso de Jesús.
2. El creyente pertenece al poder de Dios: Dios lo ha librado del pecado y de la muerte y sigue librándolo diariamente.
3. El creyente pertenece a la gloria de Dios: Dios ha hecho todo «para mostrar [al creyente] en los siglos venideros las abundantes riquezas de su gracia en su bondad, para con nosotros en Cristo Jesús» (Ef. 2:7).

Pensamiento 1. «Tuyo es el reino, y el poder, y la gloria, por todos los siglos. Amén.» Este el tercer tema principal por el cual orar.
1) «Padre, tuyo es el reino, el derecho de gobernar y reinar .... »
2) «Tuyo es el poder, el único poder que realmente puede gobernar y reinar .... »
3) «Tuya es la gloria. Oh Dios, toda la gloria te pertenece a ti .... »

Pensamiento 2. Note tres puntos significativos.
1) «Tuyo es el reino» dice dos cosas.
   a. El derecho de gobernar y reinar en el universo es de Dios. No le pertenece a nadie más. El único gobierno perfecto y eterno es de Dios. El único gobierno que posee utopía, lo mejor de lo mejor, y que dura para siempre, es de Dios.
   b. El derecho de gobernar y reinar es de Dios, ¡y de nadie más! Únicamente el gobierno de Dios puede hacer realidad la utopía, esto es, el amor, gozo, paz, y lo mejor de lo mejor de la vida.

> «El Dios que hizo el mundo y todas las cosas que en él hay, siendo Señor del cielo y de la tierra, no habita en templos hechos por manos humanas, ni es honrado por manos de hombres, como si necesitase de algo; pues él es quien da a todos vida y aliento y todas las cosas» (Hch. 17:24-25).
>
> «Aprende pues, hoy, y reflexiona en tu corazón que Jehová es Dios arriba en el cielo y abajo en la tierra, y no hay otro» (Dt. 4:39).
>
> «Las riquezas y la gloria proceden de ti, y tú dominas sobre todo; en tu mano está la fuerza y el poder, y en tu mano el hacer grande y el dar poder a todos» (1 Cr. 29:12).
>
> «Y conozcan que tu nombre es Jehová; tú solo Altísimo sobre toda la tierra» (Sal. 83:18).
>
> «Jehová se vistió, se ciñó de poder, afirmó también el mundo, y no se moverá» (Sal. 93:1).
>
> «Y Daniel habló y dijo: Sea bendito el nombre de Dios de siglos en siglos, porque suyos son el poder y la sabiduría. El muda los tiempos y las edades; quita reyes, y pone reyes; da la sabiduría a los sabios, y la ciencia a los entendidos» (Dn. 2:20-21).
>
> «Todos los habitantes de la tierra son considerados como nada; y él hace según su voluntad en el ejército del cielo, y en los habitantes de la tierra, y no hay quien detenga su mano, y le diga: ¿Qué haces?» (Dn. 4:35).

2) «Tuyo es el poder» dice dos cosas.
   a. Únicamente Dios tiene el poder para crear y

mantener un gobierno perfecto. Únicamente Él tiene el poder para sostener y traer un gobierno perfecto al hombre sobre su tierra.

  b. Únicamente Dios tiene el poder para cambiar a los hombres de manera que puedan escapar de la muerte y vivir por siempre dentro de un gobierno perfecto. Sólo Él tiene el poder de impulsar a los hombres a vivir en amor, gozo, y paz y de servir en forma completa y sin egoísmos de modo que todos puedan tener lo mejor de lo mejor.

3) «Tuya es la gloria» dice que únicamente Dios merece todo el honor y la alabanza y la gloria. ¿Para qué? Para todo. Él es todo en todo.

Pensamiento 3. Hay un tema que debe dominar la oración y es la «alabanza a Dios». El que el Padrenuestro comience con alabanza (sumisión, v. 9) y termine con alabanza (v. 13*b*) lo demuestra.

- Dios *no necesita* la alabanza. Tiene la alabanza de multitudes de ángeles, pero *merece* nuestra alabanza.
- Dios nos crea con la habilidad de alabarlo. Necesariamente *quiere* nuestra alabanza.
- El auténtico creyente está siempre alabando el nombre de Dios en presencia de todos.

ESTUDIO A FONDO 10

(6:13) **Amén:** así sea; así es, y así debe ser. Dicho por Dios «Amén» significa que así es y que así será inequívocamente. Dicho por el hombre, es una petición que significa «Permite que así sea». Aquí, en el Padrenuestro, la palabra *Amén* es una palabra de compromiso. Cuando una persona ora el Padrenuestro y termina diciendo «Amén» (permite que así sea), se está entregando a sí misma para hacer su parte en favor de las cosas que han sido pedidas.

MATEO 6:14-15

	O. El principio básico para la oración (Parte IV): perdón,[EF1, 2] 6:14-15 (Mr. 11:25-26)
1 La promesa: perdona a otros y serás perdonado	14 Porque si perdonáis a los hombres sus ofensas, os perdonará también a vosotros vuestro Padre celestial;
2 La advertencia: rehúsate a perdonar a otros y no serás perdonado	15 mas si no perdonáis a los hombres sus ofensas, tampoco vuestro Padre os perdonará.

O. El principio básico para la oración (Parte IV): perdón, 6:14-15

(6:14-15) *Introducción—perdón:* nota la primera palabra, «Porque». Ella conecta estos versículos al Padrenuestro. Inmediatamente después de cerrar el Padrenuestro, Jesús explica por qué había dicho que el perdón es condicional (Mt. 6:12). Por dos motivos era necesaria esta explicación.

1. La idea en sí de que una persona tiene que perdonar a otros para que Dios a su vez le perdone a ella, es totalmente nueva. Era un concepto chocante, algo que a uno le abría los ojos. Hacía falta una explicación.

2. La idea en sí del perdón es exactamente lo que dice: perdonar. Dios sabe que no puede perdonar al corazón que no perdona. Su naturaleza de amor y justicia no le permitirá ser indulgente con el pecado ni dar licencia a las pasiones del espíritu no perdonador de los hombres. Solamente puede perdonar donde encuentra la misericordia y ternura del perdón. Por eso Cristo tuvo que enseñar el principio básico de la oración: el perdón (Mt. 18:21-35; Mr. 11:25-26; Lc. 6:37; 17:3-4; Ef. 4:32). (*Véase* Estudio a fondo 4—Mt. 26:28).

 1. La promesa: perdona a otros y serás perdonado (v. 14).
 2. La advertencia: rehúsate a perdonar a otros y no serás perdonado (v. 15).

ESTUDIO A FONDO 1

(6:14-15) *Perdón:* existen varios prerequisitos para el perdón. Para que una persona sea perdonada tiene que hacer varias cosas.
 1. Tiene que confesar sus pecados (1 Jn. 1:9; cp. 1 Jn. 1:8-10).
 2. Tiene que tener fe en Dios; creer que Dios realmente le va a perdonar (He. 11:6).
 3. Tiene que arrepentirse (apartarse y renunciar a sus pecados) y volverse a Dios en un compromiso renovado (*véanse* notas—Hch. 3:19; nota 7 y Estudio a fondo 1—17:29-30; nota—Lc. 17:3-4).
 4. Tiene que perdonar a los que le hicieron mal (Mt. 6:14-15). Resentimientos o enojo hacia otra persona son pecado. Son evidencia de que la persona no ha dejado realmente sus pecados y que *no* es *realmente* sincera al buscar perdón.

ESTUDIO A FONDO 2

(6:14-15) *Perdón:* existen cuatro actitudes diferentes hacia el perdón.
 1. La actitud del agnóstico o de aquel que duda. Quizá exista Dios; quizá no. Por eso el perdón de Dios es algo inmaterial. Carece de importancia. Lo que importa es que los hombres se perdonen unos a otros y se relacionen adecuadamente. El perdón de un Dios personal, invisible, es una idea fantasiosa.

 2. La actitud de la persona con cargo de conciencia, que se siente culpable. Esta persona conoce poco y nada de un Dios personal, pero es profundamente consciente de su culpa y de su necesidad de perdón. Una y otra vez pide perdón en su oración, pero nunca llega a conocer el perdón.
 3. La actitud del religioso social. Es la persona que a veces reconoce mentalmente la necesidad de perdón; por eso, ocasionalmente hace una confesión. Se siente perdonada, se levanta y atiende sus cosas sin pensar más en el asunto. El problema con esto es que es un perdón falso. La persona ve a Dios como a un *abuelo bonachón* que le permite a uno vivir como quiere con tal de hacer ocasionalmente una confesión. Ignora y niega la rectitud y justicia de un Dios de amor.
 4. La actitud del creyente maduro. Este es el creyente que realmente conoce su ego pecaminoso y su gran necesidad del perdón de Dios. Por eso vive en un espíritu de confesión y arrepentimiento, mediante el cual llega a conocer el perdón de Dios y la certeza del mismo (*véase* nota—Ro. 8:2-4).

[1] (6:14) *Perdonar a otros:* existe la promesa de perdonar y así ser perdonado. La palabra «ofensa» (*paraptoma*) significa tropezar, caer, resbalar, equivocarse; desviarse de la justicia y verdad. Note tres cosas.

1. Cristo da por sentado que conocemos nuestra necesidad de perdón. Esto lo demuestran sus palabras: «os perdonará también a vosotros vuestro Padre celestial». Somos pecadores; hemos transgredido la ley de Dios y necesitamos perdón. Aún el más maduro entre nosotros falla en guardar perfectamente la ley de Dios. Todos tropezamos, caemos, nos equivocamos y resbalamos; y lo hacemos con demasiada frecuencia.

 a. Pocas veces hacemos en la máxima medida posible lo que debemos. Quedamos cortos.
 b. *Siempre nos salimos* de la senda que debemos seguir. Nos desviamos y pasamos a la zona *prohibida*.
 De modo que necesitamos desesperadamente ser perdonados. Dios promete que perdonará nuestras transgresiones si hacemos una cosa sencilla: si perdonamos a los hombres sus transgresiones.

2. Lo más grandioso en todo el mundo es recibir el perdón de nuestros pecados; ser absueltos y librados de toda culpa y condenación, para ser aceptados y restaurados por Dios, y recibir la seguridad de ver a Cristo cara a cara. El perdón de pecados significa que somos librados; puestos en libertad en esta vida para vivir abundantemente, y puestos en libertad en la vida venidera para vivir eternamente en perfección.

3. La única forma de recibir el perdón de nuestros pecados es perdonar las transgresiones de otros. Cristo promete: «perdonad a los hombres sus ofensas [y] vuestro Padre celestial les perdonará a vosotros». Perdonar a los hombres sus transgresiones significa varias cosas muy prácticas.

- Que no juzgamos ni censuramos.
- No nos volvemos hostiles ni amargados.
- No planificamos venganza.
- No guardamos sentimientos malos hacia otra persona.
- No andamos en habladurías, chismes ni rumores; al contrario, corregimos el rumor.
- No nos gozamos en los problemas y pruebas que le acaecen a otra persona.
- Amamos a la persona y oramos por ella.

Pensamiento. Note dos hechos.
1) Sentimientos malos hacia otra persona son pecado. Es guardar el pecado en nuestro corazón. Perdonar a una persona que nos ha hecho mal es prueba de que deseamos tener un corazón limpio. Realmente queremos que Dios nos perdone.
2) Perdonar a las personas sus transgresiones no se refiere solo a las transgresiones contra nosotros, sino a todas sus transgresiones.

«Bienaventurados los misericordiosos, porque ellos alcanzarán misericordia» (Mt. 5:7).

«Y cuando estéis orando, perdonad, si tenéis algo contra alguno, para que también vuestro Padre que está en los cielos os perdone vuestras ofensas» (Mr. 11:25).

«Y perdónanos nuestros pecados, porque también nosotros perdonamos a todos los que nos deben» (Lc. 11:4).

«Y si siete veces al día pecare contra ti, y siete veces al día volviere a ti, diciendo: me arrepiento; perdónale» (Lc. 17:4).

«Soportándoos unos a otros, y perdonándoos unos a otros si alguno tuviere queja contra otro. De la manera que Cristo os perdonó, así también hacedlo vosotros» (Col. 3:13).

2 (6:15) *Perdonar a otros:* aquí está la advertencia: rehúsate a perdonar, y quédate sin perdón. El creyente que ora por perdón y conserva sentimientos en contra de otra persona es un hipócrita. Está pidiendo que Dios haga algo que él mismo no está dispuesto a hacer. Está pidiendo a Dios que le perdone sus transgresiones, cuando él mismo no quiere perdonar las transgresiones de otros. Los malos sentimientos en contra de otro son evidencia clara de que la persona no está en buena relación con Dios.

1. Los malos sentimientos muestran que la persona no conoce la verdadera naturaleza ni del hombre ni de Dios. No conoce la verdadera y exaltada perfección de Dios ni toda la profundidad de la naturaleza pecadora del hombre: ¡qué lejos está de la perfecta justicia!

2. Los malos sentimientos muestran que la persona anda y vive en una actitud de auto justificación (es decir, piensa que Dios la acepta en base a sus obras de justicia). Se siente mejor que otros, y se considera capacitada para hablar y mirar desde arriba los pecados de otros.

3. Los malos sentimientos muestran que la persona no ha dado los pasos que debe dar para que sus propios pecados le sean perdonados (*véase* nota—Mt. 6:14-15).

4. Los malos sentimientos muestran que la persona vive según las normas de la sociedad y no según la Palabra de Dios. La Palabra de Dios es clara: «No hay quien haga lo bueno, no hay ni siquiera uno» (Ro. 10:12; cp. Mt. 19:17). Por eso, tenemos que ayudarnos y amarnos unos a otros, y cuidarnos y restaurarnos unos a otros cuando tropezamos, resbalamos, caemos, erramos y nos desviamos.

«No hay justo, ni aun uno» (Ro. 3:10; cp. Ro. 3:9-19).

«Todos pecaron y están destituidos de la gloria de Dios» (Ro. 3:23).

«Quítense de vosotros toda amargura, enojo, ira gritería y maledicencia, y toda malicia. Antes sed benignos unos con otros, misericordiosos, perdonándoos unos a otros, como Dios también os perdonó en Cristo» (Ef. 4:31-32).

«Hermano, si alguno fuere sorprendido en alguna falta, vosotros que sois espirituales, restauradle con espíritu de mansedumbre, considerándote a ti mismo, no sea que tú también seas tentado. Sobrellevad los unos las cargas de los otros, y cumplid así la ley de Cristo. Porque el que se cree ser algo, no siendo nada, a sí mismo se engaña» (Gá. 6:1-3).

Cristo es absolutamente claro en su advertencia acerca de perdonar a otros.

«Sed pues misericordiosos, como también vuestro Padre es misericordioso. No juzguéis y no seréis juzgados; no condenéis, y no seréis condenados; perdonad, y seréis perdonados» (Lc. 6:36-37).

Es una severa advertencia si se la mira desde la afirmación opuesta: Juzgad y seréis juzgados; condenad y seréis condenados; no perdonéis y no seréis perdonados (cp. Lc. 6:36-37).

Pensamiento 1. Note tres lecciones significativas en este punto.
1) El hombre que alberga malos sentimientos contra otros no se ha mirado a sí mismo ni a sus propios pecados. No se conoce a sí mismo, no conoce su verdadero ego, ni el egoísmo interior ni las motivaciones que caracterizan la depravación del hombre.
2) Los sentimientos en contra de otros causan perturbación interior. En diferente grado consumen la mente y las emociones de la persona. Profundos sentimientos malos contra otros pueden causar profundos problemas mentales y emocionales como también graves problemas físicos.
3) Se requieren tres cosas para que Dios oiga nuestra oración pidiendo perdón de pecados: (1) Levantar manos santas, (2) no tener ira y (3) no dudar.

«Quiero, pues, que los hombres oren en todo lugar, levantando manos santas, sin ira ni contienda» (1 Ti. 2:8).

Pensamiento 2. La respuesta para la paz es Cristo Jesús: «El es nuestra paz»: la única paz posible entre dos personas (*véanse* bosquejo y notas—Ef. 2:14-18. Repase versículo por versículo los textos que siguen a la luz de los siguientes hechos).
1) Él puede hacer de los dos uno (Ef. 2:14).
2) Él puede derribar la pared intermedia (Ef. 2:14).
3) Él puede abolir la enemistad--en su propia carne (Ef. 2:15).
4) Él puede hacer de los dos un nuevo hombre (Ef. 2:15).
5) Él puede reconciliar a ambos con Dios —en un cuerpo— por medio de la cruz (Ef. 2:15).
6) Él puede dar paz entre ambos y traer la paz entre ambos (Ef. 2:17).
7) Él puede dar a ambos acceso a Dios el Padre (Ef. 2:18).

	P. El auténtico motivo para ayunar, 6:16-18		

1 **Forma equivocada de ayunar**
  a. Ayunar como hipócrita
  b. Ayunar para ser reconocido
  c. Recompensa: recibir sólo la recompensa
	16 Cuando ayunéis no seáis austeros, como lo hipócritas; porque ellos demudan sus rostros para mostrar a los hombres que ayunan; de cierto os digo que ya tienen su recompensa.
	17 Pero tú, cuando ayunes, unge tu cabeza y lava tu rostro,
	18 para no mostrar a los hombres que ayunas, sino a tu Padre que está en secreto; y tu Padre que ve en lo secreto te recompensará en público.
		y estima humana	2 **For. correcta de ayunar**^{EF1, 2}
			  a. Ayunar como un deber
			  b. Ayunar sin hacerlo notar
			  c. Ayunar para Dios únicamente
			  d. Recompensa: Dios recompensará en público

P. El auténtico motivo para ayunar, 6:16-18

(6:16-18) *Introducción—ayunar:* ayunar significa abstenerse de comida por algún motivo religioso o espiritual. Un estudio de la práctica del ayuno realizado por Jesús y por los grandes líderes bíblicos revela lo que para Dios significa ayunar. Ayunar significa, sencillamente, estar tan imbuido en un asunto que el mismo se vuelve más importante que la comida. Por eso el creyente aparta la comida *para concentrarse en buscar a Dios con respecto a ese asunto*. El ayuno bíblico es más que abstenerse simplemente de la comida; significa abstenerse de la comida para concentrarse en Dios y en su respuesta a un asunto particular. El ayuno bíblico incluye oración, súplicas intensas delante de Dios. Note las palabras «cuando ayunéis» (vv. 16, 17). Jesús presuponía que los creyentes ayunaban. Esperaba que lo hicieran. El mismo ayunaba y enseñó sobre el ayuno (Mt. 4:2), y los primeros creyentes también ayunaban (Mt. 17:21; Lc. 2:37; Hch. 10:30; 14:23; 1 Co. 7:5; 2 Co. 6:5; 11:27). Pero son pocos los que han continuado una búsqueda tan intensa del Señor; son tan pocos los que ayunan, que verdaderamente ayunan.

Los beneficios del ayuno son enormes, pero también hay peligros. Podemos tener motivaciones equivocadas para ayunar. De ello trata este texto. Cristo nos aconseja con referencia a las motivaciones equivocadas y correctas para ayunar.

1. Forma equivocada de ayunar (v. 16).
2. Forma correcta de ayunar (vv. 17-18).

1 (6:16) *Ayunar:* forma equivocada de ayunar. El peligro en sí al ayunar es que seamos hipócritas. Hay cuatro razones por las que los hombres ayunan, con una sola excepción, las demás son formas equivocadas e hipócritas.

  a. Las personas ayunan para sentirse aprobadas por Dios y por sí mismas.
  b. Las personas ayunan para cumplir con un acto religioso.
  c. Las personas ayunan para obtener un reconocimiento religioso.
  d. Las personas ayunan para tener, con algún propósito especial, un genuino encuentro con Dios.

Pensamiento. Cristo no condena el ayunar. Pero ayunar con cualquier otro propósito que no sea el de un encuentro con Dios es condenado; cuando ayunes, sea para aparecer «a tu Padre ... » (v. 18).

> «Cuando, pues, des limosna, no hagas tocar trompeta delante de ti, como hacen los hipócritas en las sinagogas y en las calles, para ser alabados por los hombres; de cierto os digo que ya tienen su recompensa» (Mt. 6:2).
>
> «Este pueblo de labios me honra; mas su corazón está lejos de mí» (Mt. 15:8).
>
> «Ayuno dos veces a la semana, doy diezmos de todo lo que gano» (Lc. 18:12).
>
> «Que tendrán apariencia de piedad, pero negarán la eficacia de ella; a éstos evita» (2 Ti. 3:5).
>
> «Dice, pues, el Señor: Porque este pueblo se acerca a mí con su boca, y con sus labios me honra, pero su corazón está lejos de mí. Y su temor de mí no es más que un mandamiento de hombres que les ha sido enseñado» (Is. 29:13).
>
> «Porque misericordia quiero, y no sacrificio, y conocimiento de Dios más que holocaustos» (Os. 6:6).

2. Es un error ayunar por el reconocimiento. En ello hay varios peligros graves de los que hay que cuidarse con toda diligencia.

  a. El peligro de sentirse super espiritual. Son pocos los creyentes que hacen una auténtico ayuno. Por eso cuando ayunan de verdad tienen que cuidarse de un sentido de orgullo y de super espiritualidad.
  b. El peligro de una excesiva confianza. La confianza del creyente tiene que estar puesta en Dios, no en sí mismo. Después de un genuino ayuno, el creyente normalmente se siente espiritualmente confiado, preparado par continuar. Debe continuar, pero dependiendo de la fuerza de Cristo y no de su propia energía y esfuerzo.
  c. El peligro de compartir la experiencia del ayuno. Normalmente el creyente ha aprendido tanto del hecho de estar en la presencia de Dios que está ansioso por compartirlo, especialmente con los más cercanos a él. El mejor consejo es enmudecer, no decir nada, ni siquiera al mejor amigo.
  d. El peligro de cambiar la propia apariencia y la forma de actuar y de comportarse. Cualquiera sea el cambio respecto del comportamiento y la rutina normal llama la atención y arruina todo el beneficio del ayuno. Como dice Cristo: «ellos demudan su rostro» (actúan de manera sobre espiritual; v. 16).

> «Antes hacen *todas sus obras* para ser vistos por los hombres» (Mt. 23:5).
>
> «No juzguéis según las apariencias, sino juzgad con justo juicio» (Jn. 7:24).
>
> «Miráis las cosas según la apariencia» (2 Co. 10:7).

3. El ayunar en la forma equivocada tiene su recompensa. Una persona recibe la recognición y estima humanas, pero la recognición de hombres es todo que recibirá.

Pensamiento. Algunas personas logran el control y la disciplina de sus cuerpos haciendo ayunos, pero se arruinan a sí mismas y a su ministerio por causa del orgullo. Pierden su recompensa.

> «Porque toda carne es como hierba, y toda la gloria del hombre como flor de la hierba. La hierba se seca y la flor se cae» (1 P. 1:24).
>
> «Mas el hombre no permanecerá en honra; es semejante a las bestias que perecen» (Sal. 49:12).
>
> «Porque cuando muera no llevará nada, ni descenderá tras él su gloria» (Sal. 49:17).
>
> «Por eso ensanchó su interior el Seol, y sin medida extendió su boca; y allá descenderá la gloria de ella, y su multitud, y su fausto, el que en él se regocijaba» (Is. 5:14).
>
> «Conforme a su grandeza, así pecaron contra

mí; también yo cambiaré su honra en afrenta» (Os. 4:7).

2 (6:17-18) *Ayunar:* la forma correcta de ayunar. Como se dijo en la introducción, ayunar significa ser tan consumidos por algún tema que la comida pierde su importancia. Por eso, el creyente aparta la comida *para concentrarse en buscar a Dios con referencia a ese tema*. El ayuno bíblico es más que abstenerse meramente de la comida; significa abstenerse de comida para concentrarse en Dios y en su respuesta a un asunto particular. El ayuno bíblico incluye oración, súplicas intensas a Dios.

1. Es un deber ayunar. Se espera de cada creyente que haga ayunos. Cristo dijo: «Cuando ayunéis». El espera que ayunemos

- Jesús mismo ayunaba.

   «Y después de haber ayunado cuarenta días y cuarenta noches, tuvo hambre» (Mt. 4:2).

- Los apóstoles ayunaban.

   «Pero este género no sale sino con oración y ayuno» (Mt. 17:21; cp. Mt. 9:15; Mr. 2:20; Lc. 5:35).

- Ana ayunaba.

   «Y era viuda hacía ochenta y cuatro años; y no se apartaba del templo, sirviendo de noche y de día con ayunos y oraciones» (Lc. 2:37).

- Cornelio ayunaba.

   «Entonces Cornelio dijo: Hace cuatro días que a esta hora yo estaba en ayunas; y a la hora novena, mientras oraba en mi casa, vi que se puso delante de mí un varón con vestido resplandeciente» (Hch. 10:30).

- Los líderes de la iglesia ayunaban.

   «Ministrando estos al Señor, y ayunando, dijo el Espíritu Santo: Apartadme a Bernabé y a Saulo para la obra a que los he llamado» (Hch. 13:2).

   «Y constituyeron ancianos en cada iglesia, y habiendo orado con ayunos, los encomendaron al Señor en quien habían creído» (Hch. 14:23).

- Se espera que esposos y esposas hagan ayunos.

   «No os neguéis el uno al otro, a no ser por algún tiempo de mutuo consentimiento, para ocuparos sosegadamente en la oración y ayunos, y volved a juntaros en uno, para que no os tiente Satanás a causa de vuestra incontinencia» (1 Co. 7:5).

- Pablo ayunaba con frecuencia.

   «En azotes, en cárceles, en tumultos, en trabajos, en desvelos, *en ayunos*» (2 Co. 6:5).

   «En trabajo y fatiga, en muchos desvelos, en hambre y sed, *en muchos ayunos*, en frío y desnudez» (2 Co. 11:27).

2. El ayunar debe pasar inadvertidamente. El creyente debe ayunar delante de Dios, no de los hombres. No debe haber cambios en la apariencia o el comportamiento para indicar que uno está ayunando. Piense en esto. ¿Por qué habría de cambiar uno? ¿Por qué debería saber alguien que uno está buscando a Dios de manera muy especial? Es un asunto de Dios, no del hombre. Es entre la persona y Dios, no entre la persona y otra gente.

Pensamiento. ¿Qué es ayunar? Es «no mostrar a los hombres ... sino a tu Padre» (v. 18). Es venir a la presencia de Dios para un tiempo muy, pero muy especial de oración.

3. El ayuno es solamente para Dios. El creyente debe ayunar solamente para Dios. Dios es el objeto de su ayuno. Necesita encontrarse con Dios de una manera muy, pero muy especial. Al encontrarse completamente a solas con Dios, el creyente está demostrando su dependencia de Dios y de la provisión de él. (*Véase* nota—Mt. 6:16-18.)

Pensamiento 1. El religioso ayuna antes los hombres. Un creyente genuino ayuna ante Dios.

Pensamiento 2. Dios no dice cuándo ni con cuánta frecuencia debemos ayunar, pero nos dice cómo hacerlo. Debemos tomar todas las precauciones posibles para ayunar exactamente como el dice, es decir, en la presencia de Dios, sin ostentación de ninguna clase. Nadie lo debe ver ni saber.

4. Ayunar de forma correcta tiene su recompensa. Dios nos recompensará en público. ¡Cuánto mayor es su reconocimiento que el de los hombres! La aceptación y la recompensa eterna de Dios es suficiente para los verdaderos creyentes.

   «**Mas cuando tú des limosna, no sepa tu izquierda lo que hace tu derecha, para que sea tu limosna en secreto; y tu Padre que ve en lo secreto te recompensará en público**» (Mt. 6:3-4).

   «Porque es necesario que *todos* nosotros comparezcamos [públicamente], ante todos los creyentes] ante el tribunal de Cristo, para que cada uno reciba según lo que haya hecho mientras estaba en el cuerpo, sea bueno o sea malo» (2 Co. 5:10).

   «Mirad por vosotros mismos, para que no perdáis el fruto de vuestro trabajo, sino que recibáis galardón completo» (2 Jn. 8).

   «He aquí yo vengo pronto, y mi galardón conmigo, para recompensar a cada uno según sea su obra» (Ap. 22:12).

   «Los juicios de Jehová son verdad, todos justos, ... tu siervo es además amonestado con ellos: en guardarlos hay grande galardón» (Sal. 19:9, 11).

   «Entonces dirá el hombre: Ciertamente hay galardón para el justo; ciertamente hay Dios que juzga en la tierra» (Sal. 58:11).

   «He aquí que Jehová el Señor vendrá con poder, y su brazo señoreará; he aquí que su recompensa vendrá con él, y su paga delante de su rostro» (Is. 40:10).

   «He aquí que Jehová hizo oír hasta lo último de la tierra: Decid a la hija de Sion: He aquí viene tu Salvador; he aquí su recompensa con él, y delante de él su obra» (Is. 62:11).

   «Yo Jehová, que escudriño la mente, que pruebo el corazón, para dar a cada uno según su camino, según el fruto de sus obras» (Jer. 17:10).

   «¿Se ocultará alguno, dice Jehová, en escondrijos que yo no lo vea? ¿No lleno yo, dice Jehová, los cielos y la tierra?» (Jer. 23:24).

ESTUDIO A FONDO 1

(6:17-18) *Ayunar:* existen al menos cuatro ocasiones en que el creyente debe ayunar.

1. Hay momentos en que el creyente siente una necesidad especial, una urgencia, un llamado en el interior de su corazón de estar a solas con Dios. Es el Espíritu de Dios que se está moviendo en su corazón. Cuando ello ocurre, nada —ni comida ni responsabilidad— debe impedirle el estar a solas con Dios. En estos casos debe ayunar cuanto antes.

2. Hay momentos en que aparecen necesidades especiales. Las necesidades pueden estar referidas a la propia vida del creyente o a la vida de amigos, de la sociedad, del mundo o de algún ministerio o misión. Nuevamente, ante tan profundas necesidades, nada debe impedir que el creyente pase un tiempo muy especial en la presencia de Dios.

3. Hay ocasiones en que el creyente tiene que humillar su alma ante Dios. En tales ocasiones no solo aprende humildad, sino también dependencia de Dios (Sal. 35:13).

4. Hay circunstancias cuando el creyente necesita un poder muy especial de parte de Dios. El Señor prometió tal poder si el creyente ora y ayuna (Mt. 17:21; Mr. 9:29).

ESTUDIO A FONDO 2

(6:17-18) *Ayunar:* ¿Por qué deben ayunar los creyentes? El ayunar provee excelentes beneficios, y Dios quiere que su pueblo coseche estos beneficios.

1. El ayunar mantienen al creyente en la presencia de Dios.

MATEO 6:16-18

Está ayunando para buscar la presencia de Dios con un propósito muy especial; permanece en la presencia de Dios hasta sentir que ha suplido o va a suplir su necesidad.

2. El ayunar humilla el alma del creyente ante Dios. Con el ayuno dice que para él Dios es lo más importante en todo el mundo (Sal. 35:13).

3. El ayunar le enseña al creyente su dependencia de Dios. Está buscando a Dios, y con ello está demostrando que depende de él.

4. El ayuno le demuestra a Dios (de manera práctica) una sinceridad auténtica. Demuestra con los hechos que el tema en consideración es una prioridad.

5. El ayunar le enseña al creyente a controlar y disciplinar su vida. Se abstiene a efectos de hallar una sustancia mayor.

6. El ayuno prviene que el creyente sea esclavizado por el hábito. Deja de lado toda sustancia; con ello rompe el sostén de cualquier cosa que podría haberlo encadenado.

7. El ayunar ayuda al creyente a mantenerse físicamente en forma. Lo previene del sobrepeso y lo mantiene bien articulado.

MATEO 6:19-24

	Q. Advertencias en cuanto a riqueza y materialismo, 6:19-24	también vuestro corazón. 22 La lámpara del cuerpo es el ojo; así que, si tu ojo es bueno, todo tu cuerpo estará lleno de luz; 23 pero si tu ojo es maligno, todo tu cuerpo estará en tinieblas. Así que, si la luz que en ti hay es tinieblas, ¿cuántas no serán las mismas tinieblas? 24 Ninguno puede servir a dos señores; porque o aborrecerá al uno y amará al otro. No podéis servir a Dios y a las riquezas.	a. Un corazón bueno; como un ojo bueno 　1) Focaliza y ve 　2) Focaliza el cielo (v. 20) b. Un corazón malo; como un ojo malo 　1) Ciego y oscuro 　2) Focaliza la tierra (v. 19) 3 Elección entre dos señores 　a. Aborrecer o amar 　b. Estimar o despreciar 　c. Servir a Dios o a las cosas materiales[EF2]
1 Un contraste: dos tipos de riquezas a. Riquezas terrenales 　1) No amontonar 　2) Se corrompen[EF1] 　3) Son inseguras b. Riquezas celestiales 　1) Amontona 　2) No se corrompen 　3) Son seguras 2 Una advertencia: dos tipos de corazones	19 No os hagáis tesoros en la tierra donde la polilla y el orín corrompen, y donde ladrones minan y hurtan; 20 sino haceos tesoros en el cielo, donde ni la polilla ni el orín corrompen, y donde ladrones no minan ni hurtan. 21 Porque donde esté vuestro tesoro, allí estará		

Q. Advertencias en cuanto a riqueza y materialismo, 6:19-24

(6:19-24) *Introducción:* ¿Dónde están nuestros pensamientos? ¿En qué pensamos? ¿Están nuestros pensamientos centrado en la tierra o en el cielo? ¿Está nuestra mente atenta a las cosas terrenales o a las cosas de Dios? ¿Qué estamos buscando, las cosas de la tierra o las cosas del cielo? ¿Dónde está nuestro corazón, atento a la tierra o atento al cielo? En este pasaje Cristo se ocupa del dinero, las posesiones y las cosas materiales. Su preocupación es prevenir que centremos nuestras vidas en casas, moblaje, vehículos, tierras, edificios, acciones, cosas; todas ellas, que constituyen la seguridad y riqueza en esta tierra. El motivo se entiende fácilmente: en esta tierra nada es seguro ni duradero. Todo envejece, decae, se gasta. Todo es corruptible y temporal. Lo que Cristo quiere es que centremos nuestras vidas en Él y en el cielo, porque todo lo referido a Él y al cielo es vida y seguridad. Todo es permanente y eterno. Para motivar nuestros pensamientos nos da lecciones sobre las riquezas y el materialismo. (*Véanse* también bosquejo y notas—Mt. 13:7.22.)

1. Un contraste: dos tipos de riquezas (vv. 19-20).
2. Una advertencia: dos tipos de corazones (vv. 21-23).
3. Una elección: entre dos tipos de señores (v. 24).

1 (6:19-20) *Materialismo—riqueza:* Cristo plantea un contraste en dos clases de riquezas.

1. Existen las riquezas terrenales. Hay cosas en la tierra que los hombres anhelan tener. Cristo las llama riquezas y tesoros terrenales. Riquezas terrenales pueden ser cosas tales como ropa, automóviles, joyas, juguetes, casas, edificios, mobiliarios, placeres, fama, poder, profesión, propiedades, dinero, y cualquier cosa que domina la vida de una persona y la mantiene sujeta a esta tierra.

Un tesoro es aquello que tiene valor y que para una persona encierra algún valor. Los hombres toman cosas y les adjudican valor; pueden ser piedras, (diamantes); o rocas y polvo (oro); o dinero (papel y metal); o tierra (propiedades); o madera, metal, lodo, sustancias químicas, construcciones (edificios); o influencia (poder); o la atención de la gente (fama).

Cristo dice tres cosas acerca de las riquezas terrenales que son de crucial importancia tanto para el creyente como el incrédulo.

    a. No juntes para ti riquezas terrenales (posesiones materiales). Cristo dice que una persona no debe centrar su vida en cosas terrenales, ni fijar sus ojos y su mente y su energía y esfuerzo en esos tesoros pasajeros.

        Pensamiento 1. Las riquezas existen. Su *localización* queda claramente establecida. Hay riquezas tanto en la *tierra* como en el *cielo*.

        Pensamiento 2. Es más fácil codiciar cosas terrenales que cosas celestiales. Por cuatro motivos.
        1) Son visibles; se las puede manipular.
        2) La mayoría de la gente las busca, y otra gente influye sobre nosotros. Una persona tiene mentalidad terrenal o celestial (Ro. 8:5-7).
        3) En diferente grado son necesarias para la vida.
        4) Son actuales, están constantemente ante nosotros, pueden ser poseídas ahora mismo.

    b. Las riquezas terrenales son corrompibles (*véase* nota—Mt. 6:19). Hay algo terrible que le ocurre a todas las cosas de la tierra. Todo envejece, muere, se deteriora y decae. Las cosas solo están brevemente en la tierra, luego no están más. Todas las cosas tienen en sí la simiente de corrupción.

    c. Las riquezas terrenales son inseguras. Por tres motivos son inseguras:
- Pueden ser hurtadas o consumidas.
- No duran; se gastan.
- Una persona no se puede llevar una sola cosa cuando pasa de este mundo.

        «Porque nada hemos traído a este mundo, y sin duda nada podremos sacar» (1 Ti. 6:7).

        «Porque raíz de todos los males el amor al dinero, el cual codiciando algunos, se extraviaron de la fe, y fueron traspasados de muchos dolores» (1 Ti. 6:10).

        «Vuestro oro y plata está enmohecidos; y su moho testificará contra vosotros, y devorará del todo vuestras carnes como fuego. Habéis acumulado tesoros para los días postreros» (Stg. 5:3).

        «Los renuevos de su casa serán transportados, serán esparcidos en el día de su furor» (Job 20:28).

        «Ciertamente como una sombra es el hombre; ciertamente en vano se afana; amontona riquezas, y no sabe quién las recogerá» (Sal. 39:6).

        «Pues verá que aun los sabios mueren; que perecen del mismo modo que el insensato y el necio, y dejan a otros sus riquezas» (Sal. 49:10).

        «¿Has de poner tus ojos en las riquezas, siendo ningunas? Porque se harán alas como alas de águila, y volarán al cielo» (Pr. 23:5).

        «Porque las riquezas no duran para siempre; ¿y será la corona para perpetuas generaciones?» (Pr. 27:24).

«Asimismo aborrecí todo mi trabajo que había hecho bajo el sol, el cual tendré que dejar a otro que vendrá después de mí» (Ec. 2:18).

«El que ama el dinero, no se saciará de dinero; y el que ama el mucho tener, no sacará fruto. También esto es vanidad» (Ec. 5:10).

«Como la perdiz que cubre lo que puso, es el que injustamente amontona riquezas; en la mitad de sus días las dejará, y en su postrimería será insensato» (Jer. 17:11).

«Con tu sabiduría y con tu prudencia has acumulado riquezas, y has adquirido oro y plata en tus tesoros. Con la grandeza de tu sabiduría en tus contrataciones has multiplicado tus riquezas; y a causa de tus riquezas se ha enaltecido tu corazón» (Ez. 28:4-5).

Pensamiento. Note cuatro lecciones impactantes.
1) Se busca la riqueza, y muchos la buscan. Lo que frecuentemente se olvida es esto: toda pizca de riqueza está en las manos de alguien. Por eso muchas personas se las pasan calculando cómo obtener algo de lo que tiene otro. Las cosas del mundo son muy inseguras.
2) Una persona puede ser quitada de la tierra en un abrir y cerrar de ojos. Todo aquello por lo que ha trabajado tan arduamente en esta tierra se habrá ido inmediatamente (cp. Lc. 12:16-21).
3) Una persona puede perder mucho de lo que tiene en esta tierra y lo puede perder rápidamente. Lo puede perder por dificultades financieras, accidente, problemas matrimoniales, enfermedad, muerte, y por mil otros motivos.
4) La persona es necia al buscar la abundancia de cosas: de procurar tener más y más. ¿Por qué? Porque esta noche, o mañana o, pronto, un día cualquiera Dios dirá: «Necio, esta noche vienen a pedirte tu alma; y lo que has provisto, ¿de quién será?» (Lc. 12:20).

Cristo dijo: «Así es el que hace para sí tesoro, y no es rico para con Dios»; aquella persona no va a oír lo de arriba (Lc. 12:21).

2. Hay riquezas celestiales. Hay cosas en el cielo que los creyentes desean tener. Cristo las llama riquezas celestiales (en cuanto a la lista de las bendiciones celestiales de Dios, *véanse* bosquejo y notas: Ef. 1:3). Riquezas celestiales son cosas tales como ...
- una vida inocente.
- llegar a ser un auténtico hijo de Dios.
- el perdón de pecados.
- sabiduría.
- entender la voluntad de Dios (propósito, sentido, significado de la vida).
- una enorme herencia eterna.
- un constante Consolador y Ayudador, el Espíritu Santo de Dios mismo.
- una vida que es abundante y desbordante (Jn. 10:10).

Cristo dice tres cosas acerca de las riquezas celestiales que son de crucial importancia tanto para el creyente como para el incrédulo.
  a. Acumula para sí mismo riquezas celestiales. Es necia la persona al procurar y centrar su mente en cosas perecederas. ¿Por qué? Porque puede procurar aquello que le da todo el sentido, propósito y significación a la vida que uno se pueda imaginar. Tener significado, propósito y sentido en la vida es la esencia de la vida misma.

  Piensa en ello. «Porque la vida del hombre no consiste en la abundancia de los bienes que posee» (Lc. 12:15). ¿Cuánto sentido hay en algo que pasa y perece? Mientras la persona todavía está buscando algo sobre esta tierra, es interiormente consciente de que no va a durar. Hay un fin a cualquiera sea el sentido que encuentre en ello. El tesoro terrenal puede ser un automóvil, un trabajo, un viaje, una relación, ropa, posición, poder, fama, o fortuna. El hecho es que, cualquiera sea el tesoro, éste tendrá su fin, pasará y no será más. El sentido de la vida de un hombre mundano, su propósito y significación, es temporario, insatisfactorio e incompleto. (*Véanse* nota y Estudio a fondo 1—Ef. 1:7; nota y Estudio a fondo 1—2 P. 1:4; cp. Ef. 1:3.)
  b. Las riquezas celestiales son incorruptibles. Es posible escapar de la corrupción (2 P. 1:4). Hay una «herencia incorruptible, incontaminada e inmar-cesible, *reservada en los cielos para vosotros*» (1 P. 1:4). Toda persona debería reclamar y poner su corazón en *su* herencia celestial.
  c. Las riquezas celestiales son seguras (*véanse* notas—Ef. 1:3). Los ladrones no pueden violar el cielo; no pueden penetrar la dimensión espiritual. Nadie ni nada puede quitar las riquezas celestiales de una persona. Esto lo asegura el amor de Dios (cp. Ro. 8:32-39).

Pensamiento 1. Cristo no impide que una persona procure tesoros; al contrario, la guía a buscar tesoros reales. El cielo vale más que toda la riqueza del mundo.

«Porque ¿qué aprovechará al hombre, si ganare todo el mundo, y perdiere su alma? ¿O qué recompensa dará el hombre por su alma?» (Mt. 16:26).

«Porque ¿qué aprovechará al hombre si ganare todo el mundo, y perdiere su alma? ¿O qué recompensa dará el hombre por su alma?» (Mr. 8:36).

«Pues ¿qué aprovecha al hombre, si gana todo el mundo, y se destruye o se pierde a sí mismo?» (Lc. 9:25).

Pensamiento 2. La persona tiene que dejar todo para seguir a Cristo, de otra manera no puede ser discípulo del Señor.

«Así, pues, cualquiera de vosotros que no renuncia a todo lo que posee, no puede ser mi discípulo» (Lc. 14:33).

Pensamiento 3. Cristo dice que un hombre debe hacerse tesoros en el cielo, y no en la tierra para su familia. ¡Es un mensaje puntual y perturbador para muchas personas hoy!

«Sino haceos tesoros en el cielo, donde ni la polilla ni el orín corrompen, y donde ladrones no minan ni hurtan» (Mt. 6:20).

«Jesús le dijo: si quieres ser perfecto, anda, vende lo que tienes, y dalo a los pobres, y tendrás tesoro en el cielo; y ven y sígueme» (Mt. 19:21).

«Vended lo que poseéis, y dad limosna; haceos bolsas que no se envejezcan, tesoro en los cielos que no se agote, donde ladrón no llega, ni polilla destruye» (Lc. 12:33).

«Y ciertamente, aun estimo todas las cosas como pérdida por la excelencia del conocimiento de Cristo Jesús, mi Señor, por amor del cual lo he perdido todo, y lo tengo por basura, para ganar a Cristo» (Fil. 3:8).

«Atesorando para sí buen fundamento para lo por venir, que echen mano de la vida eterna» (1 Ti. 6:19).

«Por tanto, yo te aconsejo que de mí compres oro refinado en fuego, para que sea rico, y vestiduras blancas para vestirte, y que no se descubra la vergüenza de tu desnudez; y unge tus ojos con colirio, para que veas» (Ap. 3:18).

ESTUDIO A FONDO 1

(6:19) *Corrupción—incorrupción:* en el mundo existe una semilla de corrupción, un principio o naturaleza de corrupción en cada cosa sobre la tierra. Todas las cosas son de origen y formación imperfectas; se envejecen, mueren, se deterioran, decaen y se gastan. (*Véanse* Estudio a fondo 2—Mt. 8:17; notas—1 Co. 15:50; 2 Co. 5:1-4; Col. 2:8; nota 5 y Estudio a fondo 1— 2 P. 1:4.)

> «Para que se cumpliese lo dicho por el profeta Isaías, cuando dijo: El mismo tomó nuestras *enfermedades*, y llevó *nuestras dolencias*» (Mt. 8:17).
>
> «Pero esto digo, hermanos: que la carne y la sangre no pueden heredar el reino de Dios, ni la *corrupción* hereda incorrupción» (1 Co. 15:50).
>
> «Porque todos sabemos que si nuestra morada terrestre, este tabernáculo, *se deshiciere*, tenemos de Dios un edificio, una casa no hecha de manos, eterna ... en los cielos pues así seremos hallados vestidos, y no *desnudos*» (2 Co. 5:1, 3).
>
> «Por medio de las cuales nos ha dado preciosas y grandísimas promesas, para que por ellas llegaseis a ser participantes de la naturaleza divina, habiendo huido de la *corrupción* que hay en el mundo a causa de la concupiscencia» (2 P. 1:4).

También hay una semilla de incorrupción, un principio de incorrupción, una naturaleza eterna de incorrupción en el cielo (1 P. 1:4, 23; cp. 1:18-23; 2 P. 1:4; cp. 1 Co. 15:12-58. *Véase* nota—Ef. 1:3.)

> «Bendito sea el Dios y Padre de nuestro Señor Jesucristo, que según su grande misericordia nos hizo renacer para una esperanza viva, por la resurrección de Jesucristo de los muertos, para una herencia *incorruptible*, incontaminada, e inmarcesible, reservada en los cielos para vosotros» (1 P. 1:3-4).
>
> «Siendo *renacidos*, no de simiente corruptible, sino de incorruptible, por la palabra de Dios que vive y permanece para siempre» (1 P. 1:23).
>
> «Así también es la resurrección de los muertos. Se siembra en corrupción, resucitará en *incorrupción*. Se siembra en deshonra, resucitará en gloria; se siembra en debilidad, resucitará en *poder*. Se siembra en cuerpo animal, resucitará cuerpo espiritual. Hay cuerpo animal, y hay cuerpo espiritual» (1 Co. 15:42-44; cp. 1 Co. 15:12-58).

[2] (6:21-23) *Corazón—mente:* Cristo advierte acerca de tipos de corazones.

1. Existe un corazón que es bueno. Es como un ojo bueno. Note que el ojo es una puerta que *da entrada* a la mente del hombre. Lo que el hombre mira, es lo que el hombre piensa, y lo que piensa es lo que realmente llega a ser (cp. Pr. 23:7). Si una persona se fija en Jesucristo, quien es la Luz del mundo (Jn. 8:12), su mente será *llena de luz*. Por eso las obras de su cuerpo serán obras de luz. Sinceridad del ojo y el corazón significa que la persona pone su atención en el Señor Jesús con el propósito de hacer su voluntad (cp. Hch. 2:46; Ef. 6:5; Col. 3:22). Un ojo malo es el que se fija en todo aquello que no es de Dios.

El corazón de un hombre está precisamente donde está su tesoro. Si su tesoro está en la tierra, su corazón estará en la tierra. Si su tesoro está en el cielo, su corazón está en el cielo. El ojo ilustra la verdad. Si el ojo de una persona es *bueno y sano*, el hombre es capaz de focalizar el tesoro y captar la verdad. Pero si el ojo es *insano*, no se podrá fijar en el tesoro. Está ciego y en tinieblas. Un *corazón sano* es como un ojo sano. Capta el verdadero tesoro, el tesoro en el cielo. Pero un *corazón insano* es como un ojo malo. Está en tinieblas, incapaz de ver el tesoro en el cielo.

Note que el creyente tiene dos razones primordiales para fijar sus ojos en el cielo.

a. Su ciudadanía está en el cielo:

> «Mas nuestra ciudadanía está en los cielos, de donde también esperamos al Salvador, al Señor Jesucristo; el cual trastornará el cuerpo de la humillación nuestra, para que sea semejante al cuerpo de la gloria suya, por el poder con el cual puede también sujetar a sí mismo todas las cosas» (Fil. 3:20-21).

b. Busca los tesoros eternos:

> «Pues las cosas que se ven son temporales, pero las que no se ven son eternas» (2 Co. 4:18).

- Son incorruptibles (v. 20).
- Son seguras (v. 20).
- Hacen que todo su «cuerpo esté lleno de luz» (v. 22).
- Consumen todo su ser con el significado propósito y sentido de la vida (v. 24).
- Lo llevan a amar y servir a Dios (v. 24).
- Lo acercan a Dios (v. 24).

> «Bienaventurados los de limpio corazón, porque ellos verán a Dios» (Mt. 5:8).
>
> «Otra vez les habló Jesús, diciendo: Yo soy la luz del mundo; el que me sigue no andará en tinieblas, sino que tendrá la luz de la vida» (Jn. 8:12).
>
> «Todavía un poco, y el mundo no me verá más; pero vosotros me veréis; porque yo vivo, vosotros también viviréis» (Jn. 14:19).
>
> «Pero el hombre natural no percibe las cosas que son del Espíritu de Dios, porque para él son locura, y no las puede entender, porque se han de discernir espiritualmente» (1 Co. 2:14).
>
> «Por la fe dejó a Egipto, no temiendo la ira del rey; porque se sostuvo como *viendo al Invisible*» (He. 11:27).

Pensamiento. El creyente tiene un mandato completamente claro: «Poned la mira en las cosas de arriba, no en las de la tierra» (Col. 3:2).

> «Bendito sea el Dios y Padre de nuestro Señor Jesucristo, que nos bendijo con toda bendición espiritual en los lugares celestiales en Cristo» (Ef. 1:3).
>
> «Alumbrando los ojos de vuestro entendimiento, para que sepáis cuál es la esperanza a que él os ha llamado, y cuáles las riquezas de la gloria de su herencia en los santos» (Ef. 1:18).
>
> «A mí que soy menos que el más pequeño de todos los santos, me fue dada esta gracia de anunciar entre los gentiles el evangelio de las *inescrutables riquezas* de Cristo» (Ef. 3:8).
>
> «Teniendo [Moisés] por mayores riquezas el vituperio de Cristo que los tesoros de los egipcios; porque tenía puesta la mirada en el galardón» (He. 11:26).
>
> «Hermanos míos amados, oíd: ¿No ha elegido Dios a los pobres de este mundo, para que sean ricos en fe y herederos del reino que ha prometido a los que le aman?» (Stg. 2:5).

2. Existe el corazón malo. Es como un ojo malo. Un ojo malo no tiene la capacidad de enfocar el tesoro, no es capaz de fijarse en las cosas de Dios. Un ojo malo es ciego y está en tinieblas. Así es con el corazón. Cristo dice que la persona no debe poner su corazón en los tesoros terrenales ¿Por qué? Porque esa persona focaliza sus ojos (atención, mente, pensamientos, energía, esfuerzo) en el mal. ¿Qué quiere decir Cristo? Las cosas terrenales son malas porque son engañosas.

- Están sujetas a corrupción; envejecen, mueren, se gastan, deterioran, decaen.
- Son inseguras; serán hurtadas, o quitadas o abandonadas.
- Son el motivo para que el corazón de una persona esté lleno de oscuridad (v. 23).
- Impulsan a una persona a odiar, despreciar, y rechazar a Dios (v. 24).
- Separan al hombre de Dios (v. 24).

Pensamiento 1. Hay varias cosas que le pasan a la persona que pone sus ojos en cosas terrenales. La invaden las sombras de oscuridad. Es engañada (cp. Mt. 13:7, 22). Es

engañada porque se vuelve...
- codiciosa, consumida (por obtener más y más).
- quejumbrosa, malhumorada.
- suspicaz y temerosa (de perder sus cosas).
- dura y de mente cerrada (para dar mucho). (Cp. Stg. 5:9.)

«Pero si tu ojo es maligno, todo tu cuerpo estará en tinieblas. Así que, si la luz que en ti hay es tinieblas, ¿cuántas no serán las mismas tinieblas?» (Mt. 6:23).

«La luz en las tinieblas resplandece, y las tinieblas no prevalecieron contra ella» (Jn. 1:5).

«Y esta es la condenación: que la luz vino al mundo, y los hombres amaron más las tinieblas que la luz, porque sus obras eran malas» (Jn. 3:19).

«En los cuales el Dios de este siglo cegó el entendimiento de los incrédulos, para que no les resplandezca la luz del evangelio de la gloria de Cristo, el cual es la imagen de Dios» (2 Co. 4:4).

«Teniendo el entendimiento entenebrecido, ajenos de la vida de Dios por la ignorancia que en ellos hay, por la dureza de su corazón» (Ef. 4:18).

3 (6:24) *Decisión:* Cristo advierte sobre la necesidad de escoger entre dos señores. Hay dos motivos esenciales por los que hay que hacer una elección.

1. El hombre aborrece a un señor y ama a otro. Cuando ambos señores ejercen sus demandas simultáneamente sobre el hombre, éste tiene que escoger. Decide favorecer, servir, ayudar, y amar a uno; y haciendo esto estará desfavoreciendo, rechazando, faltando respeto y odiando al otro. El hombre no puede servir a dos señores.

2. El hombre aprecia o desprecia a uno de los señores. Tiene que escoger a qué señor favorecer y servir. A uno tiene que amar. Al amar a uno revela su desprecio y rechazo por el otro. Un hombre no puede servir a dos señores.

La elección es clara. El hombre o bien sirve a Dios, o bien a las cosas materiales.
- Solamente hay dos tesoros; la tierra y sus tesoros, o Dios y sus tesoros; cosas físicas y materiales o cosas espirituales y eternas.
- Toda persona, sin excepción ha entregado su vida a uno de dos tesoros. O a mamón o a Dios. El hombre pone su corazón, ojos, mente, atención, pensamientos, manos y energía en cosas terrenales o en cosas celestiales. No puede «servir a Dios y a mamón».

Pensamiento 1. Tantas personas consideran a las riquezas una bendición de Dios, una señal de que uno es piadoso. Pero la Biblia dice algo diferente:

«[Algunos] toman la piedad como fuente de ganancia; apártate de los tales. Pero gran ganancia es la piedad acompañada de contentamiento, porque nada hemos traído a este mundo y sin duda nada podremos sacar. Así que, teniendo sustento y abrigo, estemos contentos con esto. Porque los que quieren enriquecerse caen en tentación y lazo, y en muchas codicias necias y dañosas, que hunden a los hombres en destrucción y perdición; porque raíz de todos los males es el amor al dinero, el cual codiciando algunos, se extraviaron de la fe, y fueron traspasados de muchos dolores. Mas tú, oh hombre de Dios, huye de estas cosas, y sigue la justicia, la piedad, la fe, el amor, la paciencia, la mansedumbre» (1 Ti. 6:5-11).

Pensamiento 2. Mamón, los tesoros terrenales, pueden ser muchas cosas (*véase* Mt. 6:19-20).

1) Riquezas y bienes.

«¡Vamos ahora! los que decís: Hoy y mañana iremos a tal ciudad, y estaremos allá un año, y traficaremos, y ganaremos» (Stg. 4:13).

«¡Vamos ahora, ricos! Llorad y aullad por las miserias que os vendrán» (Stg. 5:1).

2) Comida, el estómago lleno.

«El fin de los cuales será perdición, cuyo Dios es el vientre, y cuya gloria es su vergüenza; que sólo piensan en lo terrenal» (Fil. 3:19).

3) Un ojo malo, lleno de codicia.

«Pero yo os digo que cualquiera que mira a una mujer para codiciarla, ya adulteró con ella en su corazón» (Mt. 5:28).

«Pero si tu ojo es maligno, todo tu cuerpo está en tinieblas. Así que, si la luz que en ti hay es tinieblas, ¿cuántas no serán las mismas tinieblas?» (Mt. 6:23).

«Los hurtos, las avaricias, las maldades, el engaño, la lascivia, la envidia, la maledicencia, la soberbia, la insensatez» (Mr. 7:22).

4) Los deseos de la carne.

«No améis al mundo, ni las cosas que están en el mundo. Si alguno ama al mundo, el amor del Padre no está en él. Porque todo lo que hay en el mundo, los deseos de la carne, los deseos de los ojos, y la vanagloria de la vida, no proviene del Padre, sino del mundo» (1 Jn. 2:15-16).

5) La actividad improductiva, relajamiento, recreación, pasatiempos onerosos, indolencia.

«Vé a la hormiga, oh perezoso, mira sus caminos y sé sabio; la cual no teniendo capitán, ni go-bernador, ni señor prepara en el verano su comida, y recoge en el tiempo de la siega su mante-nimiento. Perezoso, ¿hasta cuándo has de dormir? ¿Cuándo te levantarás de tu sueño? Un poco de sueño, un poco de dormitar, y cruzar un poco las manos para reposo; así vendrá tu necesidad como caminante, y tu pobreza como hombre armado» (Pr. 6:6-11).

Pensamiento 3. Dios promete diversas cosas grandes al hombre que le sirve.

1) Suplir todas las necesidades de su vida.

«Mas buscad primeramente el reino de Dios y su justicia; y [entonces] todas las demás cosas os serán añadidas» (Mt. 6:33).

2) Librarlo de toda ansiedad.

«Por nada estéis afanosos, sino sean conocidas vuestras peticiones delante de Dios en toda oración y ruego, con acción de gracias. Y la paz de Dios, que sobrepasa todo entendimiento, guardará vuestros corazones y vuestros pensamientos en Cristo Jesús» (Fil. 4:6-7).

3) Alegría y contentamiento.

«Estas cosas os he hablado, para que mi gozo esté en vosotros, y vuestro gozo sea cumplido» (Jn. 15:11).

«Sean vuestras costumbres sin avaricia, contentos con lo que tenéis ahora; porque él dijo: No te desampararé, ni te dejaré» (He. 13:5).

4) Vida abundante y eterna.

«Porque de tal manera amó Dios al mundo, que ha dado a su Hijo unigénito, para que todo aquel que en él cree, no se pierda, mas tenga vida eterna» (Jn. 3:16).

«De cierto, de cierto os digo: el que oye mi pala-bra, y cree al que me envió, tiene vida eterna; y no vendrá a condenación, mas ha pasado de muerte a vida» (Jn. 5:24).

«El ladrón no viene sino para hurtar y matar y destruir; yo he venido para que tengan vida: y para que la tengan en abundancia» (Jn. 10:10).

ESTUDIO A FONDO 2

(6:24) *Riquezas:* véanse Estudio a fondo 1—Mt. 19:16-22; 19:23-26; notas—19:27-30; pt. 2; Stg. 1:9-11.

Notas

Biblia de bosquejos y sermones

Una extraordinaria obra en 14 tomos que recorre de forma completo todo el Nuevo Testamento.

Además de un bosquejo general para cada libro del Nuevo Testamento, la serie *Biblia de bosquejos y sermones* desarrolla en cada página otras divisiones y bosquejos adicionales para cada pasaje bíblico y cada versículo. A todo esto se añade los estudios a fondo de términos y conceptos fundamentales que enriquecen su conocimiento de la Palabra de Dios y lo ayudan no solo a entenderla mejor, sino a exponerla con mayor claridad. Cada punto considerado se encuentra respaldado con numerosas referencias a otros textos bíblicos que aparecen impresos en su libro para una mejor y más rápida consideración.

Publicada originalmente en inglés por el prestigioso *Leadership Ministries Worldwide*, la *Biblia de bosquejos y sermones* es ya una herramienta indispensable para pastores, maestros y líderes en todo el mundo

Recurso de calidad
Categoría: Ayudas pastorales / Sermones

Tomo 1	Mateo 1 (1:1—16:12)	**Tomo 8**	1 y 2 Corintios
Tomo 2	Mateo 2 (16:13—28:20)	**Tomo 9**	Gálatas—Colosenses
Tomo 3	Marcos	**Tomo 10**	1 Tesalonicenses—Filemón
Tomo 4	Lucas	**Tomo 11**	Hebreos—Santiago
Tomo 5	Juan	**Tomo 12**	1 Pedro—Judas
Tomo 6	Hechos	**Tomo 13**	Apocalipsis
Tomo 7	Romanos	**Tomo 14**	Índice general de temas

También disponible

portavoz@portavoz.com
www.portavoz.com